UNGARISCHE JAHRBÜCHER

ZEITSCHRIFT FÜR DIE KULTURELLEN, SOZIALEN UND WIRTSCHAFTLICHEN FRAGEN UNGARNS UND SEINER NACHBARLÄNDER

HERAUSGEGEBEN VOM

UNGARISCHEN INSTITUT AN DER UNIVERSITÄT BERLIN

JÄHRLICH ERSCHEINEN VIER HEFTE

Band I,	Heft 1–4.	Reichsmark	6,	in Halbleinen gebunden	Reichsmark	8·50
Band II	„	„	4·50,	„ „	„	6·50
Band III	„	„	6,	in Ganzleinen	„	8·50
Band IV	„	„	8,	„ „	„	10
Band V	„	„	16,	„ „	„	18
Band VI	„	„	20,	„ „	„	22
Band VII	„	„	24,	„ „	„	26.

Preis der Einzelhefte je nach Umfang.

Inhalt des I. Bandes

I. Aufsätze: Bajza, J. v.: Die kroatische Publizistik während des Weltkrieges / Bonkáló, A.: Die ungarländischen Ruthenen / Buday, L. v.: Die Bevölkerungsbewegung in Ungarn und der Krieg / Buday, L. v.: Landwirtschaftliche Produktion in Ungarn / Fuchs, A. v.: Skizze des ungarischen Bankwesens / Gombocz, Z.: Die bulgarische Frage und die ungarische Hunnensage / Gragger, R.: Unser Arbeitsplan / Horváth, J. v.: Das Genossenschaftswesen in Ungarn / Kvassay, E. v.: Die Donau vom Standpunkt der Schiffahrt / Mályusz, E. v.: Die Entstehung des Komitates Turóc / Moór, E.: Die Deutschen Spielleute in Ungarn / Réz, M. v.: Gedanken über Stephan Tisza / Sebess, D. v.: Die Agrarreform in Ungarn / Tagányi, K.: Alte Grenzschutzvorrichtungen und Grenzödland: *gyepü* und *gyepüelve* / Takáts, A.: Ungarische und türkische Berufsschreiber im 16. und 17. Jahrhundert / Thim, J. R.: Die Gründungsversuche Jugoslawiens 1848/49 / Viczián, E. v.: Die Wasserkraft der Donau / Zolnai, B.: Ungarische Literatur 1906–1921. II. Kleine Mitteilungen, Anzeigen, Bibliographie.

Inhalt des II. Bandes.

I. Aufsätze: Buday, L. v.: Agrarpolitische Zukunftsaufgaben / Domanovszky, A.: Die Vergangenheit der ungarischen Donau-Handelsschiffahrt / Fehér, G.: Ungarns Gebietsgrenzen in der Mitte des 10. Jahrhunderts / Gragger, R.: Ungarische Institute für Geschichtsforschung / Hóman, B.: Der Ursprung der Siebenbürger Székler / Károlyi, A.: Stephan Széchenyis beschlagnahmte Schriften / Kovács, A.: Die Wiedergeburt der ungarischen Volkskraft / Losonczy, Z.: Die ungarische Sprachwissenschaft 1920–1921 / Nyulászi, J.: Staatsverträge zur Regelung von Steuer- und Gebührenfragen / Thienemann, Th.: Die deutschen Lehnwörter der ungarischen Sprache. II. Kleine Mitteilungen, Anzeigen, Bibliographie.

Inhalt des III. Bandes

I. Aufsätze: Alföldi, A.: Der Untergang der Römerherrschaft in Pannonien I und II / Angyal, D.: Das österreichische Staats- und Reichsproblem / Balogh, E. v.: Die gesammelten Werke des Grafen Tisza / Egyed, St.: Die heutigen staatsrechtlichen Einrichtungen Ungarns / Eckhardt, Fr.: Die Handels- und Zahlungsbilanz Ungarns unter der Regierung Maria Theresias / Fellner, Fr. v.: Die internationale Zahlungsbilanz Rumpfungarns und das Problem der

(Fortsetzung siehe 3. Seite dieses Umschlages.)

UNGARISCHE BIBLIOTHEK
herausgegeben vom
Ungarischen Institut an der Universität Berlin
Zweite Reihe

6.

Die Sanierung Ungarns

von

Josef Sinz

1928

Walter de Gruyter & Co.
vormals G. J. Göschen'sche Verlagshandlung — J. Guttentag, Verlagsbuchhandlung — Georg Reimer — Karl J. Trübner — Veit & Comp.

Berlin und Leipzig

Vorwort

Die folgende Arbeit ist erstmals in den Ungarischen Jahrbüchern veröffentlicht worden und wird hier unverändert abgedruckt. Der erste Teil (bis einschließlich Staatshaushalt) wurde im März 1927 abgeschlossen, die Regierungsvorlage zur Regelung der Aufwertung vom 20. Oktober 1927 ist demzufolge nicht berücksichtigt. Die Darstellung der Staatsfinanzen schließt mit der Beendigung der Völkerbundskontrolle (30. Juni 1926), im übrigen wurde die Arbeit im Oktober 1927 zu Ende gebracht, es konnten also u. a. die im Dezember erschienenen staatlichen Schlußrechnungen für 1924/25 nicht mehr berücksichtigt werden.

Von allen zuständigen amtlichen und privaten Stellen hat der Verfasser in freundlichster Weise Auskünfte und Material erhalten. Für dieses hilfsbereite Entgegenkommen dankt er besonders dem Kgl. Ung. Finanzministerium, dem Kgl. Ung. Handelsministerium, der Kgl. Ung. Gesandtschaft in Berlin, den Leitungen der staatlichen Betriebe, dem Kgl. Ung. Statistischen Zentralamt und dem Sekretariat des Völkerbundes in Genf, nicht weniger der Ungarischen Nationalbank, der Geldinstituts-Zentrale, der Vereinigung der Sparkassen und Banken, dem Budapester Giro- und Kassenverein sowie dem Verein Ungarischer Fabrikindustrieller u. a. m. Nur Raumbeschränkung stand einer weitergehenden Auswertung des reichlichen Materials entgegen.

Der Verfasser.

Vorwort

Inhalt

Tabellenübersicht.

Wir haben es uns zur Aufgabe gemacht, die Bestrebungen zur Beseitigung der Inflation und ihrer Folgen in Ungarn, die getroffenen Maßnahmen und die Entwicklung (was man zusammenfassend als ,,Sanierung" bezeichnet) im einzelnen darzustellen, auf Streitfragen und Probleme hinzuweisen. In diesem Rahmen beabsichtigen wir, alle Teilerscheinungen zusammenfassend zu behandeln und eine abgerundete, in sich geschlossene Darstellung der Sanierung der Gesamtwirtschaft Ungarns zu geben. Im Zusammenhange damit wollen wir die Klärung des Begriffes ,,Sanierung" versuchen und trachten, die typischen Merkmale und Erscheinungen dessen, was man mit ,,Sanierung" bezeichnet, herauszuarbeiten. Wir beschränken uns bei der Betrachtung auf wirtschaftliche Erscheinungen und wirtschaftspolitische Maßnahmen.

Von der ,,Sanierung" Ungarns sprechen wir. Was bedeutet denn ,,Sanierung eines Landes in wirtschaftlicher Hinsicht"? Was muß gesund werden, gesund gemacht werden? Kein Zweifel, die gesunde Volkswirtschaft wird als Ziel erstrebt. Wann aber ist die Wirtschaft, die Volkswirtschaft eines Landes gesund? Ist dies der Fall, wenn ein wirtschaftlicher Idealzustand besteht?[1]) oder bei normalem Gang der Wirtschaft?[2]) oder wenn Volkswohlstand erreicht ist?[3]) Schattenhaft tauchen wohl solche Vorstellungen auf, können aber keine feste Gestalt gewinnen.

Volkswohlstand, gesteigerter Volkswohlstand ist Ziel und Zweck der Wirtschaft (Wirtschaft ist nicht Selbstzweck), gesund ist die Wirtschaft schon dann, wenn sie ein taugliches Mittel zur Erreichung dieses Zieles ist; gerade gesunde Wirtschaft ermöglicht Volkswohlstand, hat ihn zur Folge.

Was erforderlich ist, damit wir von gesunder Wirtschaft sprechen können, müssen wir erst ergründen. Ausgehen wollen wir dabei von der Vorstellung, die dem Sprachgebrauche in erster Linie zugrunde

---

1) Siehe PAUL MOMBERT im Bändchen *Wirtschaftskrisen* S. 1, DIEHL und MOMBERT, *Ausgew. Lesestücke*, Bd. VII.

2) PHILIPPOVICH, *Grundriß der politischen Ökonomie*, 16. Aufl. Bd. 1, S. 412.

3) PESCH, *Lehrbuch der Nationalökonomie*, Bd. 2, S. 316.

liegt: im Sprachgebrauche ist der Begriff Sanierung zeitlich bedingt und besagt, daß die Störungen des Wirtschaftslebens gegenüber dem Zustande von 1913 (vor dem Kriege) verschwinden, die hervorgerufen wurden durch Krieg, Landesverstümmelung und Inflation; der Vorkriegszustand erscheint hier als der gesunde.

Auf dieser Grundlage treten uns sofort zwei Fragen entgegen, die das ganze Problem der Sanierung in sich schließen: 1. Ist es überhaupt möglich, durch entsprechende Maßnahmen die Sanierung herbeizuführen, den erstrebten gesunden Zustand zu erreichen? und wenn ja, 2. Welches sind die entsprechenden Maßnahmen? Um diese Fragen richtig behandeln zu können, erwähnen wir hier die Änderungen gegenüber dem Vorkriegszustande, die Störungen und Hemmungen, deren Verschwinden die Sanierung bedeutet.

Die Zerstückelung des Landes brachte eine Änderung der ganzen Wirtschaftsstruktur; wichtige Rohstoffbezugsgebiete wurden abgetrennt und Absatzgebiete verschlossen. Dazu kamen die verschiedenartigsten Hemmungen für den Handelsverkehr zwischen den neuen Staaten, die das Wachstum industrieller Treibhauspflanzen förderten. Reste der staatlichen Zwangswirtschaft aus der Kriegszeit standen noch in Geltung, besonders hinsichtlich Preisprüfung und Kohlenbewirtschaftung. Neben der Änderung der natürlichen Wirtschaftsgrundlagen bedeutete die Instabilität des Geldwertes die tiefstgehende Störung für das Wirtschaftsleben, eine ganz einschneidende Verschiebung gegenüber dem Zustande vor dem Kriege; der Eingriff des Fiskus in die Geldschöpfung brachte ständig Kapitalverzehr mit sich. Die Bodenreform hatte für viele Wirtschaften eine gewisse Unsicherheit des Besitzstandes zur Folge. Die Krise in den Nachbarländern und politische Schwierigkeiten wirkten auf die Lage in Ungarn zurück.

Ist es möglich, durch entsprechende Maßnahmen diese Störungen zum Verschwinden zu bringen? Abgesehen davon, daß eine Verneinung der Frage gleichbedeutend wäre mit der Aufgabe jeden Versuches, theoretisch kann die Möglichkeit der Sanierung nachgewiesen werden. Die Störungen werden als solche empfunden, weil die Erwerbsmöglichkeit gegenüber dem Zustande von 1913 eingeschränkt ist, ihre Beseitigung soll diese Erwerbsmöglichkeiten wieder bringen, die Sanierung. Dem Lande stehen natürliche wirtschaftliche Hilfsquellen in bestimmtem Umfange zur Verfügung, die Auswertung dieser Hilfsquellen durch die Wirtschaft muß die Erwerbsmöglichkeiten bringen, es fragt sich nur, für eine wie große Bevölkerung Erwerbsmöglichkeit geschaffen und gesichert werden kann. Vermag der Druck der Bevölkerung eine bessere Auswertung der vorhandenen Hilfsquellen nicht zu erreichen, so bringen die drückenden Verhältnisse eine

Bevölkerungsverminderung. Um dieser Selbsthilfe der Wirtschaft vorzubeugen, handelt es sich deshalb gerade darum, die entsprechenden Maßnahmen zu treffen, um möglichst rasch, sicher und schmerzlos die Sanierung herbeizuführen, den gesunden Zustand zu erreichen. Sehen wir zu, ob und wie die geschilderten Störungen durch entsprechende Maßnahmen beseitigt werden können, wobei es sich ja nicht handelt um volle Wiederherstellung des Vorkriegszustandes bis in alle Einzelheiten, sondern lediglich um Schaffung und Sicherung von Erwerbsmöglichkeiten für die Bevölkerung. Die Einflußnahme kann von seiten des Staates und der Einzelwirtschaft ausgehen; die Einzelwirtschaft wirkt für sich und nur mittelbar für das Ganze, der Staat wird tätig, wo eine Regelung für zahlreiche Einzelwirtschaften im Staatsgebiete erforderlich und möglich ist. Die grundlegende Veränderung gegenüber dem Vorkriegszustande, die Verkleinerung des Wirtschaftsgebietes, kann nicht rückgängig gemacht werden, eine Milderung der daraus entstehenden Schwierigkeiten ist nur dadurch möglich, daß der Verkehr mit den abgetrennten Gebieten erleichtert wird; diese handelspolitischen Erleichterungen zu schaffen, steht jedoch nur zu einem Teil in der Macht eines einzelnen Staates.

Vorbereitung und Übergangszeit.

Nach dem Kronenzerfall konnte nur eine größere langfristige Auslandsanleihe für Ungarn die Ruhepause bringen, um das Budget zu ordnen und die Finanzverwaltung umzugestalten. Aber das gesamte Vermögen und Einkommen Ungarns war in erster Linie verpfändet für die Zahlung von Reparationen und anderen Schulden, die Ungarn gegenüber den alliierten und assoziierten Mächten hatte auf Grund des Friedensvertrages von Trianon oder zufolge anderer Abmachungen seit 3. November 1918. (Das Generalpfandrecht gemäß Artikel 180 Fv. v. T.) Nur die Wiedergutmachungskommission kann Ausnahmen von dieser Generalhaftung gewähren.

Das Gesuch der ungarischen Regierung an die Wiedergutmachungskommission vom 22. April 1923 um Aufhebung bzw. Einschränkung des Generalpfandrechts fand günstige Erledigung, der Völkerbundsrat erklärte sich nach Einigung über verschiedene schwebende politische Fragen zur Mitarbeit beim finanziellen Wiederaufbau Ungarns bereit (29. Septbr. 1923) und wurde von der Reparationskommission am 17. Okt. 1923 darum ersucht. In Ungarn machte inzwischen die Inflation rasche Fortschritte und erreichte im Februar 1924 ihren Höhepunkt.

In diesen stürmischen Krisentagen fielen endlich die beiden Entscheidungen der Wiedergutmachungskommission (21. Februar 1924), die den Weg zur Wiederaufbauanleihe und überhaupt zur Durchführung des Wiederaufbauplanes frei machten. In der ersten Entscheidung wird für die Dauer von 20 Jahren das Generalpfandrecht aufgehoben für die Bruttoeinnahmen aus Zöllen, Tabakmonopol und Zuckersteuer und die Nettoeinnahmen aus dem Salzmonopol, unter Umständen für weitere Einnahmen, die zum Anleihedienst verlangt werden können; sollte in 20 Jahren die Anleihe nicht restlos getilgt werden, so behält der Rest die Vorrechte auf die genannten Einnahmen bis zur Tilgung. Die zweite Entscheidung beschränkt und regelt die Wiedergutmachungsleistungen Ungarns für die gleiche Zeitdauer (bis 31. Dez. 1943) in folgender Weise: In der Zeit vom 1. Jan. 1924 bis 31. Dez. 1926 können gefordert werden Zahlungen und Naturallieferungen bis zum Betrage eines Wertes, der 880 t Kohlen für jeden Werktag entspricht; in der restlichen Zeit bis 31. Dez. 1943 sind insgesamt 179 000 000 Goldkronen zu zahlen in halbjährlichen Raten, die von 2,5 bis 7 Millionen ansteigen; wenn die Leistungen bis 31. Dez. 1939 den Wert von 156 Millionen Goldkronen nicht erreichen oder überschreiten, so wird der Fehlbetrag bzw. der Überschuß auf die restlichen 4 Jahre zu gleichen Teilen umgelegt und die Zahlungen müssen entsprechend erhöht bzw. vermindert werden.

Am 14. März 1924 wurden die beiden Protokolle unterzeichnet, von denen das erste politische Bestimmungen enthält, das zweite die Verbindlichkeiten Ungarns hinsichtlich des Wiederaufbauplanes regelt.

Nach eingehenden, nicht selten stürmischen Beratungen und Kämpfen wurden die Wiederaufbaugesetze von der ungarischen Nationalversammlung am 17. April 1924 angenommen und am 26. April im Landesgesetzblatte veröffentlicht. (G.-A. IV, V und VI v. J. 1924.)

Der dem Völkerbundsrate vorgelegte Plan des Finanzkomitees[1]) (20. Dez. 1923) beschränkt sich auf die währungspolitische und staatsfinanzielle Seite der Sanierung, er erwähnt die wirtschaftliche Seite nur unter Betonung ihrer Wichtigkeit: Ungarn soll nicht mehr verbrauchen, als es erzeugen und verkaufen kann; „Ungarn wird eine seinen natürlichen Bedingungen entsprechende Wirtschaftspolitik betreiben müssen" („La Hongrie devra adopter une politique économique conforme à ses conditions naturelles"), wobei auf Außenhandel, Handelsverträge und Zollpolitik abgehoben wird. „Der Hauptzweck des vorgesehenen Projektes ist, die nötige Grundlage zu schaffen, auf der der wirtschaftliche Wiederaufbau Ungarns durchgeführt werden kann." „Kein Projekt rein finanzieller Art kann genügen, wenn es nicht eine Grundlage bietet, auf der sich das Wirtschaftsleben entwickeln kann." Der Bericht hebt auch die Wichtigkeit der politischen Einigung zwischen Ungarn und seinen Nachbarn hervor, damit nicht

---

[1]) *Reconstruction financière de la Hongrie.* Enthält die wichtigsten Dokumente. Völkerbund, Mai 1924.

infolge politischer Schwierigkeiten das Vertrauen der Geldgeber nicht gewonnen werden könne oder wieder verlorengehe.

Der ganze Plan läßt sich kurz zusammenfassen in die Worte: Stabilisierung der Valuta und Ausgleichung des Staatshaushaltes unter Verwendung einer ausländischen Anleihe für die Übergangszeit.

Jeder Einfluß der Regierung auf Währung und Valuta soll ausgeschaltet werden und allein die neu errichtete Ungarische Nationalbank gemäß ihren Statuten für Gesundung und Gesunderhaltung der Währung sorgen.

Für den Staatshaushalt ist im Berichte des Finanzkomitees eine Gesundungsperiode vorgesehen, die am 30. Juni 1926 ihren Abschluß finden soll. (Das ungarische Etatjahr dauert vom 1. Juli bis 30. Juni des folgenden Jahres.) Zu diesem Zeitpunkte sollen alle laufenden Ausgaben des Staates aus Einnahmen ohne Anleihen bestritten werden können. Zur Deckung der erwarteten Fehlbeträge während der Gesundungsperiode soll die Regierung eine Auslandsanleihe aufnehmen, die einen verfügbaren Betrag von 250 Millionen Goldkronen ergeben soll. Staatliche Garantien fremder Mächte, wie bei der Völkerbundsanleihe Österreichs, sind für diese ungarische Anleihe nicht vorgesehen, dafür eine weitreichende Sicherung durch Pfänder und eine ausgedehnte Kontrolle des Staatshaushaltes und der Nationalbank. Bezeichnenderweise erscheinen alle Vorschriften für den Staatshaushalt unter den Kontrollmaßnahmen zur Sicherung der Anleihe. Durch den Rat des Völkerbundes wird ein Generalkommissar bestellt für die Dauer der Gesundungsperiode, unter Umständen auch für spätere Zeit, wenn das Budgetgleichgewicht oder die Sicherheit der Anleihe bedroht ist. Der Generalkommissar ist nicht nur mit weitreichenden Kontrollbefugnissen ausgestattet, sondern kann auch gegen beabsichtigte Finanzmaßnahmen Stellung nehmen und sie verhindern oder bestimmte Finanzmaßnahmen fordern (Neueinführung oder Erhöhung von Steuern usw.). Ihm obliegt auch die Führung des Kontos der Wiederaufbauanleihe, er gibt die Beträge für die Regierung frei zur Deckung eines Defizits, er kann sie aber auch verweigern, wenn die Regierung den Bestimmungen des Programms nicht Genüge leistet. Der Generalkommissar (bzw. die Treuhänder) verwaltet auch die sogenannten „gesperrten Einnahmen", die für den Anleihedienst verpfändet sind: der Rohertrag der Zölle, der Zuckersteuer und des Tabakmonopols und der Reinertrag des Salzmonopols sind auf ein Garantiensonderkonto einzuzahlen. Ein besonderes Kontrollkomitee der Wiedergutmachungskommission zur Wahrung der Rechte der Wiedergutmachungskommission verfolgt die Entwicklung.

In den drei Sanierungsgesetzen ist der Wiederaufbauplan Ungarns staatsrechtlich festgelegt. Gesetz-Artikel IV: 1924 ist ein

Ermächtigungsgesetz, in dessen Rahmen auch die beiden Protokolle ratifiziert und Landesgesetz wurden. In diesem Gesetz finden sich auch die wichtigsten Einzelregelungen.

Der Gesetz-Artikel V: 1924 bringt das Statut der Ungarischen Nationalbank (Magyar Nemzeti Bank). Sie ist eine Aktiengesellschaft mit 30 Mill. GK. Kapital. Ihr Aufgaben- und Tätigkeitsbereich ist im allgemeinen wie bei den meisten kontinentalen Notenbanken geregelt, besonders eingehend sind die Bestimmungen über den Notenumlauf und seine Deckung. Für die Zeit der Völkerbundskontrolle hat ein ausländischer Berater (Mr. Siepman) weitgehende Befugnisse.

Das dritte der Sanierungsgesetze bringt die Bestimmungen über eine innere Zwangsanleihe (eine fünfprozentige Rentenanleihe) zur Deckung des Budgetdefizits.

Am 1. Mai 1924 traf der Generalkommissar des Völkerbundes, Jeremiah Smith aus Boston, in Budapest ein und übernahm sogleich seine Tätigkeit. Die Konten wurden eröffnet, auf die die verpfändeten Staatseinnahmen einzuzahlen, die Kontrolle des Staatshaushaltes begann. Die ungarische Krone sank in der Zwischenzeit weiter, der Dollar stieg im Mai bis 100 000 uK. und nur das mutige Zugreifen des Finanzministers Korányi im Verein mit Mr. Siepman zerstörte die Pläne der Spekulation; der Dollar sank rasch auf 85—88000 uK. Für ihr Treiben hatte die Spekulation Nahrung gefunden im Fortschreiten der Inflation, da planmäßig noch für etwa 1036 Milliarden Kronen Noten ausgegeben wurden zur Begleichung von Verpflichtungen, die vor 31. März 1924 bestanden hatten. Zudem verzögerte sich die Auflegung der geplanten „Staatsanleihe des Königreichs Ungarn" (Wiederaufbau-Anleihe) bis Anfang Juli. Bei einem durchschnittlichen Reinerlös von 82,4 % muß Ungarn den tatsächlich erhaltenen Betrag (253,8 Mill. GK.) mit 9,1 % verzinsen. Durch jährliche Auslosung ab 1. Februar 1926 entsprechend einem Tilgungsplane soll die Anleihe bis spätestens 1. Februar 1944 getilgt werden, jedoch ist ab 1. Februar 1934 verstärkte Tilgung möglich, ja gänzliche oder teilweise Rückzahlung. Das neue Rechnungsjahr 1924/25 begann am 1. Juli 1924 ohne Belastung aus schwebenden Schulden; wie vorgesehen, wurden diese alle aus einem Teilbetrage der Anleihe (60 Mill. GK.), durch Ausgabe ungedeckter Noten und aus den laufenden Einnahmen getilgt. Die Vergangenheit war abgeschlossen, nun galt es, wirklich wieder aufzubauen.

Die „Sparkrone" wurde am 20. Februar 1924 eingeführt. Sie stellt eine Meßziffer (Indexziffer) dar, die es ermöglichen sollte, Forderungen und Schulden wertbeständig zu erhalten, ein Ersatz für stabiles Geld. Für die Berechnung dieses Index wurden zugrunde gelegt der Kurs der ungarischen Noten und Devisen in Wien (nach der Zürcher Parität) und der Dollarkurs, außerdem auch die Budapester Kurse von 6 Arbitragepapieren der Budapester und Wiener Börse. Der 27. Februar bildete den Ausgangspunkt für die Indexberechnung.

Am 24. Juni nahm die Nationalbank (Präsident Dr. Alexander Popovics) ihre Tätigkeit auf. Dies bedeutete gleichzeitig, daß das Nationale Noteninstitut des Königreichs Ungarn zu bestehen aufhörte (§ 2 des Notenbankgesetzes), daß die Devisenzentrale, die seit 8. August 1922 bestanden, verschwand (§ 6) und die Sparkronenrechnung beendigt wurde in der Weise, daß der letzte festgesetzte Kurs (100 Sparkronen = 125 Papierkronen) Liquidationskurs für alle bestehenden Sparkronenverpflichtungen war.

Der Verlauf der Sanierung.

Währung und Valuta.

Die Ordnung der Währungsverhältnisse, die Sanierung der Währung wurde unter allen Sanierungsaufgaben als besonders dringend und grundlegend anerkannt, das Fehlen eines stabilen Geldes wurde in besonderem Maße störend empfunden. Das Ziel aller Maßnahmen der Währungssanierung war die Stabilität des Geldes, Stabilisierung des Geldwertes war die Aufgabe. Was bedeutet Stabilität des Geldes? Gerade das wesentliche am Gelde soll stabil sein, die Kaufkraft, die Tauschkraft, der „objektive Wert"; die Kaufkraft der Geldeinheit soll dieselbe bleiben. Die Geldeinheit übt ihre Kaufkraft aus „Wareneinheiten" gegenüber, seien dies nun Sachgüter, Dienstleistungen oder anderes Geld. Dieses Kaufkraftverhältnis zwischen Geld- und Wareneinheiten erscheint ausgedrückt im Preise („Kurs" bei der Beziehung zwischen verschiedenen Geldeinheiten). In einem bestimmten Zeitpunkte und (zur besseren theoretischen Darlegung machen wir noch die weitere Einschränkung) an einem bestimmten Orte besteht ein bestimmtes Kaufkraftverhältnis (Preis) zwischen der Geldeinheit und jeder einzelnen Wareneinheit; wenn sich in der Zeit dieses Kaufkraftverhältnis des Geldes gegenüber einer bestimmten Wareneinheit nicht ändert, so ist dieses Verhältnis stabil. In einem bestimmten Zeitpunkte, sagen wir dem Ausgangspunkte der Betrachtung, bestehen zahllose Kaufkraftverhältnisse. Um für mögliche Änderungen einen Maßstab zu haben, wird ein Kaufkraftverhältnis herausgegriffen und zur Grundlage genommen: solange dieses Kaufkraftverhältnis in der Zeit dasselbe bleibt, spricht man von „stabilem Gelde" und gewinnt so einen Maßstab für die Änderungen aller anderen Kaufkraftverhältnisse. Nun handelt es sich darum, welches Kaufkraftverhältnis man zur Währungsgrundlage wählt; wählt man das Kaufkraftverhältnis der Geldeinheit zum Golde als Währungsgrundlage, so sprechen wir von Goldwährung. Die Tatsache, daß in verschiedenen Ländern dieselbe Währungsgrundlage gewählt wird bei verschiedener Größe der Geldeinheit, führt zwangsläufig zur „Parität", und solange in beiden Ländern das Kaufkraftverhältnis der Geldeinheit gegenüber dieser einen Wareneinheit (man spricht von dieser Wareneinheit als Währungsgrundlage) dasselbe, stabil bleibt, solange tauschen sich die beiden verschiedenen Geldeinheiten zur Parität und wir sprechen von stabiler Valuta. (Die Schwankungen innerhalb der „Goldpunkte" bleiben unberücksichtigt, weil sie das Wesen nicht berühren.) Wir betrachten also die stabile Valuta in ihrem Ursprung und in ihrem Wesen als die sekundäre Erscheinung. Wenn man uns entgegenhält, daß in verschiedenen Fällen gerade die Valuta, das Austauschverhältnis einer Geldeinheit zu einer anderen, stabilisiert worden sei ohne dieselbe Währungsgrundlage, z. B. bei der Stabilisierung der indischen Silberrupie, so antworten wir: in diesen Fällen wurde stabilisiert nur das Kaufkraftverhältnis der Geldeinheit gegenüber einer anderen Geldeinheit, diese andere Geldeinheit bildet also tatsächlich die Währungsgrundlage, mittelbar ist es also das Kaufkraftverhältnis der Geldeinheit zu derselben Wareneinheit. Die Valuta kann stabil sein (und stabil werden) auch dann, wenn als grundlegende Kaufkraftverhältnisse verschiedene gewählt sind, etwa zwischen Geldeinheit und Gold bzw. Silber. Diese Valutastabilität folgt aber nicht notwendig aus der Währungsverfassung, stellt nur das zufällige Ergebnis der Marktentwicklung dar. Soll die Valuta stabil gemacht werden durch Eingreifen einer „Stelle" (dies ist „Stabilisierung"), so muß ein notwendiger Entwicklungsablauf, ein notwendiger Zusammenhang zugrunde gelegt werden, und dies geschieht durch Wahl derselben Währungsgrundlage. Pläne und Versuche zur Geldwertstabilisierung ohne unmittelbare Valutastabilisierung wurden in den letzten Jahren häufig gemacht, gediehen aber nicht. Was davon in Erscheinung trat, war, daß man Bewertung und Preisstellung nach der Preisentwicklung eines bestimmten Landesproduktes richtete. Bei den Vorschlägen für eine Indexwährung ist geplant, das Kaufkraftverhältnis zwischen Geldeinheit und einer Vielheit von Wareneinheiten stabil zu erhalten so, daß diese Vielheit von Wareneinheiten erfaßt wird durch eine Indexziffer, die gewonnen worden aus den bestehenden einzelnen Preisen. Diese Indexziffer wird von Zeit zu Zeit neu berechnet, die Preisbewegung wird berücksichtigt und darnach nun die Geldeinheit verändert, so daß das Kaufkraftverhältnis Geldeinheit — „Indexeinheit" dasselbe bleibt. Dies nennt man Stabilisierung der Preise oder genauer Stabilisierung der Kaufkraft des Geldes im Gegensatze zu der oben betrachteten Stabilisierung der Valuta. In Wirklichkeit werden die

Preise auch nicht stabilisiert, die einzelnen Preise ändern sich, auch der Preis ausgedrückt in der Geldeinheit nach dem neuen Index kann sehr verschieden sein von dem Preise, der vorher bestanden in der gleichzeitig geltenden Geldeinheit ausgedrückt. Die Schwierigkeiten mehren sich, wenn wir den zwischenländischen Geldverkehr berückwichtigen; uns liegt nur daran, das grundsätzliche dieser Stabilisierungsart zu zeigen; da der Plan nie eigentlich praktisch geworden ist und unsere Arbeit nicht unmittelbar berührt, können wir uns weitere Ausführungen ersparen.

Stabilisierung des Geldwertes bedeutet nach all dem die Aufrechterhaltung eines bestimmten, in einem gewissen Zeitpunkte festgelegten Kaufkraftverhältnisses zwischen der Geldeinheit und einer Wareneinheit. In Ungarn fiel die Entscheidung grundsätzlich für die Wareneinheit Gold, für die Goldwährung. Sogar Goldumlaufswährung ist als Ziel bestimmt, nach den Statuten der Nationalbank Goldkernwährung nur als Übergangslösung gedacht.

Betrachten wir die Entwicklung: gelegentlich der Gewährung des Vorschusses der Bank von England an das Ungarische Staatliche Noteninstitut in Höhe von 4 Mill. £ kam man auch grundsätzlich überein, die ungarische Krone in einem festen Verhältnis zum Pfund Sterling (£) zu stabilisieren. Etwas später, etwa Juli 1924, wurde dieses Verhältnis so festgelegt, daß ein £ = 346000 uK. (Mittelkurs) sein solle. Die Zusammenarbeit der Bank von England und der Ungarischen Nationalbank sicherte die Aufrechterhaltung dieses Verhältnisses: der Zahlungsdienst der Bank von England erschien in Ungarn zentralisiert bei der Ungarischen Nationalbank und umgekehrt. In der Tat wurde dieses Verhältnis aufrechterhalten, die uK. zeigte dieselbe Kursbewegung wie das £. Das £ hatte die Goldparität noch nicht erreicht; erst die Rückkehr Englands zur Goldwährung und die Erreichung der Goldparität durch das £ brachten für die uK. auch eine stabile Beziehung zum Golde. Durch den Berater bei der Ungarischen Nationalbank, Mr. Siepman, konnte sich die Bank von England den Einfluß sichern, der nötig erschien, um die Durchführung des Abkommens in jeder Richtung zu gewährleisten.

Die technische Durchführung der Stabilisierung entspricht weitgehend der Stabilisierungspolitik der früheren Österreichisch-Ungarischen Bank: Kursstabilisierung durch Devisenpolitik und Guthabenhaltung im Auslande. Die Bestimmung im Artikel 85 der Nationalbankstatuten, daß bis zur Aufnahme der Barzahlungen im Auslande Guthaben im Werte von 25 Mill. GK. stets verfügbar sein müssen, weist in die gleiche Richtung. Wir haben es mit dem sogenannten „Trattensystem" („Edinburger System") zu tun, das bei zahlreichen früheren Geldwertstabilisierungen erfolgreich angewendet worden. Eigenartig ist nur, daß die Stabilisierung erfolgte durch Trattenverbindung mit einer Nicht-Goldwährung, die erst in die Goldwährung hineinwuchs. Aus der bloßen Devisenwährung wurde eine Golddevisenwährung, die wir als eine Art der Goldkernwährung bezeichnen. Den Vorgang verdeutlichen die Worte von Dr. Béla Imrédy: von der Papierpfundkernwährung zur Goldpfundkernwährung. Im ganzen liegt eine (virtuelle) Devalvation vor mit nachfolgender Zusammenlegung einer gewissen Zahl von Geldeinheiten zur neuen Geldeinheit. Daß gerade die Notenbanken bei der Stabilisierung zusammenarbeiten, ist unseres Wissens neuartig, bedeutet aber nichts wesentlich Neues bei der Durchführung der Stabilisierung.

Nach den Erfahrungen bei früheren Stabilisierungen des Geldwertes und eben wieder kurz vorher bei der Stabilisierung der österreichischen Krone bot die Frage der technischen Durchführung keine Schwierigkeiten. Diese Erfahrungen zeigten auch die Voraussetzungen für die Möglichkeit einer Stabilisierung des Geldwertes überhaupt. Über die Bedeutung dieser Voraussetzungen gehen aber die Meinungen weit auseinander: hinsichtlich des Staatshaushaltes glauben die einen, daß ein wenigstens ausgeglichenes Budget die Voraussetzung für jede Stabilisierung sei, während andere dem keine Bedeutung beimessen. Uns erscheint wesentlich die Notwendigkeit, daß der Fiskus nicht durch eigenmächtige Geldschöpfung sich Einnahmen verschafft. Wie viele als Ursache der Inflation die „passive Zahlungsbilanz" betrachten, so glauben sie auch, daß eine „aktive" oder doch „geborgt-aktive" Zahlungsbilanz Voraussetzung sei für das Aufhören der Inflation und so für die Stabilisierung des Geldwertes; andere wieder sprechen der Zahlungsbilanz jeden entscheidenden Einfluß auf die Geldwertgestaltung ab, für sie ist sie höchstens deklaratorisch und keineswegs kausal bedeutsam. Schließlich wird als Voraussetzung einer dauernden Stabilisierung des Geldwertes eine gesunde Wirtschaft betrachtet, sei es, daß ihr Einfluß unmittelbar zur Geltung komme (Zahlungsbilanz), sei es mittelbar in der Bedeutung für den Budgetausgleich.

Bei Beginn der Sanierungsperiode wurden alle Leistungen an den Staat in Goldkronen festgesetzt. Der Umrechnungskurs (Multiplikator) von 17 000 PK. für 1 GK. wurde das ganze Finanzjahr 1924/25 hindurch beibehalten trotz der Wertsteigerung der PK. dem Golde gegenüber; nur für Zollzahlungen wurde der Multiplikator ab 1. Januar 1925 der tatsächlichen Kursbewegung angenähert. Die in GK. festgesetzten Beamtengehälter wurden ebenfalls gleichbleibend nach dem Multiplikator 17 000 in PK. ausgezahlt. Für den Staatshaushalt bedeutet dies eine Einnahmensteigerung in Goldkronen nach dem Kurswert und eine Verminderung der Sachausgaben, soweit sich die Preise der Kursbewertung entsprechend bewegen. Festbesoldete verzeichnen eine Steigerung ihres Realeinkommens. Die Entwicklung in Ungarn zeigt die Eigentümlichkeit, daß die Kurswertsteigerung der Krone infolge der festen Bindung an das £ unabhängig von der Entwicklung des Wirtschaftslebens erfolgte. Im 7. Berichte des Generalkommissars (S. 3) steht[1]: „Die ungarische Krone stieg gleichzeitig mit dem Pfund Sterling zufolge eines Verfahrens, das, obwohl dem Anscheine nach künstlich, den Tendenzen und den Erfordernissen der Lage entspricht." Das Verfahren ist insofern nicht künstlich, als es

[1]) *Rapport du Commissaire Général de la Société des Nations pour la Hongrie.* Monatliche Berichte des Generalkommissars Smith an den Rat des Völkerbundes vom Mai 1924 bis Juni 1926.

notwendig ist, wenn man das Pfund Sterling als Stabilisierungsgrundlage wählt, ganz entsprechend dem festen Goldankaufspreis bei der Goldwährung. „Künstliche" Beeinflussung erfolgte durch andere Marktbeschränkungen, Verbot der Kronenausfuhr und ähnliche. Auf Geld (Dollar) stabilisierten Valuten gegenüber stieg die Krone in der Kursbewertung. Dies bedeutete in Kronen ausgedrückt ein Geringerwerden der Valutaschulden und Valutaforderungen (ausgenommen die auf £ lautenden) und eine Steigerung der Kaufkraft der Krone im Auslande. Gehamsterte Valuten und Devisen wurden möglichst rasch in Kronen umgewandelt. Preisdrückend wirkte nicht nur die Einfuhr von (verhältnismäßig billigeren) Auslandswaren, sondern auch die durch die Kurswertsteigerung hervorgerufene Ausfuhrhemmung für einheimische Waren. Kurswertsteigerung des Geldes bringt Absatzstockung, der durch Preisherabsetzung begegnet werden muß; die Kreditpolitik der Nationalbank verstärkte diese Tendenz. Kurswertsteigerung bringt bei Krediten eine Erhöhung der Zinsbelastung (für Valutakredite eine Erniedrigung) infolge der Wertveränderung des Kapitals; gehemmte Kreditnahme wirkt im allgemeinen preisdrückend. Wir finden, daß die Kurswertsteigerung der Krone auf die Preise drückte. Wie weit diese Tendenz zur Geltung kam, kann deshalb nicht festgestellt werden, weil zahlreiche andere Faktoren die Preisentwicklung beeinflußten, wir nennen hier als für die Entwicklung in Ungarn besonders bedeutend die Außenhandelsbeschränkungen und ihre Veränderungen und die schlechte Ernte in Halmfrüchten im Jahre 1924. Nicht übersehen werden darf dabei ein psychologisches Moment, das die Preisangleichung an die höhere Kursbewertung beschleunigt: der Konsument ist geneigt, in der höheren Kursbewertung schon zugleich eine Kaufkraftsteigerung nach jeder Richtung hin zu sehen und darum im Einkaufe Zurückhaltung zu üben. Die tatsächliche Preisgestaltung in Ungarn läßt nicht erkennen, welche verschiedenen Faktoren tatsächlich von Einfluß gewesen sind, sie bekräftigt aber unsere Ansicht, daß Kurswertsteigerung preisdrückende Tendenz hat. Den Stand vom 1. August 1924 mit 100 angenommen stieg der Kurswert der ungarischen Krone auf 110, die Kleinhandelspreise gingen zurück auf 85,3, die Großhandelspreise fielen um 9,4 % bis 30. Juni 1925. (Den Stand am Schluß der Entwicklung mit 100 angenommen, betrug am 1. August 1924 der Kurswert 90,92; der Kleinhandelspreisindex 117,24; der Großhandelspreisindex 110,3.) Die Entwicklung ging in der betrachteten Zeit nicht genau gegenseitig entsprechend, zu verschiedenen Zeiten machten sich andere Einflüsse stark bemerkbar (Preisdruck als Auswirkung der Krise in den Nachbarländern; Preissteigerung für Getreide), trotzdem scheint die Entwicklungslinie deutlich.

Kurswertsteigerung des Geldes, sinkende Preise mit Stockung im Wirtschaftsleben — typische Erscheinungen einer Gelddeflation, als die wir in Anlehnung an Keynes bezeichnen: „die Einschränkung der Höhe des Zahlungsmittelumlaufes eines Landes im Verhältnis zu seinem Bedarf an Kaufkraft in Form von Zahlungsmitteln so, daß die Kaufkraft der Geldeinheit steigt".[1]) In der Tat läßt sich eine Parallele ziehen zwischen den Wirkungen der Deflation und denen der besonders gearteten Geldwertstabilisierung in Ungarn, Ausgangspunkt und unmittelbare Auswirkungen sind jedoch verschieden: Deflation bringt in erster Linie Einkommensminderung und Kredithemmung, in der Folge Preissenkung, Steigerung der innern Kaufkraft und Steigerung der Kursbewertung des Geldes; die Kurswertsteigerung der ungarischen Krone wirkte preissenkend (bzw. steigerungshemmend) und kredithemmend, mittelbar (Nominal-) Einkommensenkend (bzw. steigerunghemmend) und tendenziell in der Richtung auf Verringerung des Zahlungsmittelumlaufes. Haben wir in England tatsächlich eine Deflation, so zeigt sich in Ungarn gewissermaßen das Spiegelbild. Die störenden Folgen der Geldwertsteigerung waren für Ungarn tragbar, weil sie für den Zeitraum von 9 Monaten verhältnismäßig gering und in ihrem Ausmaße von vornherein begrenzt war und schließliche Stabilität in Aussicht stand. Außerdem brachte die Interessenverbindung mit England wirtschaftliche Vorteile, die auftauchende Schwierigkeiten leichter überwinden ließen und manche Nachteile ausglichen.

Die in jeder Richtung grundlegende Bedeutung der Stabilisierung des Geldwertes (Währungssanierung, in unserem Falle Valutastabilisierung) rechtfertigt, daß wir sie an erster Stelle besprochen haben. Wertstabiles Geld ist die Grundvoraussetzung für jede geordnete wirtschaftliche Tätigkeit in der modernen Verkehrswirtschaft. Durch äußere Hilfe und in diesem Sinne künstlich wurde die Stabilisierung der Valuta ermöglicht; was für die dauernde Sicherung, die der Nationalbank obliegt, notwendig ist, werden wir noch untersuchen.

Der Wegräumung von Inflationsrückständen dienten die Wiederherstellung der Bilanzwahrheit (Goldbilanzierung) und der Währungswechsel. Die erste Verordnung über die Wiederherstellung der Bilanzwahrheit vom 20. Mai 1925 (4200/1925 P.M.) hatte noch Bilanzierung in Papierkronen vorgesehen, wurde dann aber verschiedentlich geändert und ergänzt. Die Bilanz ist für 1. Januar 1925 oder den Beginn des Geschäftsjahres während des Jahres 1925 in Pengö aufzustellen und spätestens bis 30. April 1926 der Generalversammlung vorzulegen. Nach der Neubilanzierung muß das Reinvermögen (Kapital und offene Reserven) bei Aktiengesellschaften lokalen Charakters

---

[1]) Vgl. J. M. Keynes: *Ein Traktat über Währungsreform*, S. 145.

10 000 P., bei anderen 50 000 P. betragen, bei Neugründungen entsprechend 100 000 bzw. 150 000 P. Eine Aktie soll auf mindestens 10 P. lauten. Die Sonderbehandlung für Aktiengesellschaften lokalen Charakters trägt der Tatsache Rechnung, daß es in Ungarn viele kleine Aktiengesellschaften gibt, weil bislang die Rechtsform der Gesellschaft mit beschränkter Haftung in Ungarn noch nicht eingeführt ist. Die Bewertungsvorschriften sind den entsprechenden deutschen Bestimmungen ganz ähnlich. Eine nachträgliche Besteuerung auf Grund der Pengőbilanz soll in keiner Weise stattfinden.

Als neue Währungseinheit wurden besonders die Goldkrone, der Goldfranc, der englische und der österreichische Schilling vorgeschlagen, in der erregten Debatte wurden nicht selten phantastische Gründe dafür und dagegen vorgebracht.

Den ganzen Diskussionen bereitete G.A. XXXV/1925 „Über die Festsetzung des Pengőwertes und die damit zusammenhängenden Bestimmungen", kundgemacht am 21. Nov. 1926, ein rasches und überraschendes Ende. Das Gesetz wurde am 27. Oktober 1926 eingebracht und schon am 5. Nov. 1926 verabschiedet. Die neue Währung ist eine Goldwährung, die Währungseinheit heißt „*pengő*" (P.), die Scheidemünze hat den Namen *fillér* (f.). 3800 P. entsprechen einem Kilogramm Feingold Goldmünzen 9/10 fein werden zu 10 und 20 P. ausgeprägt werden, das Zehnpengostück hat ein Rauhgewicht von 2,9239765 g, ein Feingewicht von 2,6315789 g, ein Passiergewicht von 2,91 g. Scheidemünzen werden geprägt aus Silber, Nickel und Kupfer. Ein Pengő entspricht 12 500 Papierkronen. Ab 1. Jan. 1927 ist die Rechnung in Pengő obligatorisch. Die Goldparität des Pengő zu den wichtigsten Valuten beträgt:

1 P.	= 0,0359388 £	1 £	=	27,8250478 P.
	= 0,1748985 Dollar	1 Dollar	=	5,7176000 „
	= 0,9064327 G-Franc	1 G-Franc	=	1,1032258 „
	0,7342105 RM.	1 RM.	=	1,3620071 „
	1,2429473 S.	1 S.	=	0,8045392 „
	0,8631578 GK.	1 GK.	=	1,1585365 „

Eine einheitliche gesetzliche Regelung der Aufwertung steht noch aus, bis heute ist die Lösung von Aufwertungsstreitfragen der Rechtsprechung überlassen geblieben, die dieses Gebiet sehr vorsichtig behandelt. Drei Einzelregelungen vom Januar 1924 sollen die weitere Entwertung laufender und periodischer Geldverpflichtungen verhindern, mit der eigentlichen Aufwertung befassen sie sich nicht. Ein Teilgebiet wurde durch GA XVI/1926 über „Die Aufwertung der Ruhegehälter der Privatangestellten, sowie der Versorgungsbezüge ihrer Witwen und Waisen" geregelt. Die Aufwertung dieser Bezüge soll grundsätzlich erfolgen nach dem Verhältnis der Vermögenserhaltung in der Pengőbilanz gegenüber der Vorkriegsbilanz; die Aufwertung soll nur dann weniger als 30 % und mindestens 10 % betragen, wenn eine höhere Aufwertung den Bestand der Gesellschaft gefährdete. Die Anträge in der Nationalversammlung vom 28. Okt. 1926, die eine kleine, wenigstens teilweise Aufwertung der Kriegsanleihen bezwecken, sind bisher noch unerledigt geblieben.

Nationalbank.

Für die spezifische Tätigkeit der Notenbank ergeben sich für uns zwei Gesichtspunkte: Währung und Kredit. Der Notenbank obliegt die Gesunderhaltung der Währung, die Sicherung der Stabilität des Geldwertes. Wir sehen darin den primären Zweck aller Tätigkeit der Notenbank. Diese Geldpolitik ist wichtig für die Gesamtwirtschaft, was aus der Bedeutung stabilen Geldes hervorgeht. Als sekundären Zweck verfolgt die Notenbank, der Wirtschaft kurzfristigen Umschlagskredit zur Verfügung zu stellen. Das sekundäre Ziel darf nur so weit erstrebt werden, als dadurch die Erreichung des primären nicht gestört oder gar verhindert wird. Besteht eine kausale Verknüpfung zwischen zwei Zwecken (nur dann kann man von primär und sekundär sprechen), so kann die Verfolgung des sekundären Zweckes zum „nur-Mittel" zur Erreichung des primären Zweckes werden. Der sekundäre Zweck hat Selbständigkeit nur in Grenzen, die durch die ungestörte Erreichbarkeit des primären Zweckes gesteckt sind. Die Stabilität des Geldwertes erscheint absolut restlos gesichert (primärer Zweck), wenn die Geldeinheit jederzeit in die zur Stabilisierungsgrundlage gewählte Wareneinheit in dem festgelegten Verhältnis umgetauscht werden kann. Bei solcher absoluter Sicherung des Umtauschprinzipes (und damit der Stabilität des Geldwertes) kommt der sekundäre Zweck, also das Kreditprinzip, überhaupt nicht zur Geltung. Die Erreichung des primären Zweckes (Geldwertstabilität) bleibt erfahrungsgemäß auch ohne absolute Sicherung möglich, die Verfolgung des sekundären Zweckes (Kreditgewährung) wird möglich, und zwar so weit, als praktisch, erfahrungsgemäß die Geldwertstabilität gesichert bleibt, das Umtauschprinzip praktisch jederzeit durchführbar bleibt. Je mehr das Kreditprinzip zur Geltung kommt, um so größer wird die Entfernung von der absoluten Durchführbarkeit des Umtauschprinzips, die so weit gehen kann, daß praktisch die Durchführung des Umtauschprinzipes gefährdet erscheinen muß (apprehension point) oder sogar unmöglich wird. Wir sehen das currency-principle im Widerstreit mit dem banking-principle. Erscheint die Durchführung des Umtauschprinzipes (currency-principle) und damit die Stabilität des Geldwertes gefährdet, so muß das Kreditprinzip (banking-principle) als sekundärer Zweck zurücktreten, das Umtauschprinzip muß wieder mehr zur Geltung gebracht werden. Soll nach einer Zeit instabilen Geldwertes die Stabilisierung durchgeführt werden, so wird nach dem Gesagten deutlich, daß dies erhöhte Berücksichtigung des Umtauschprinzipes erfordert, wogegen die Verfolgung des Kreditprinzipes eingeschränkt werden muß. In der Politik der Ungarischen Nationalbank finden wir in der Tat, besonders in den ersten eineinhalb Jahren ihrer Tätigkeit, ein starkes Hervorterten des Umtauschprinzips und nur beschränkte Verfolgung des Kreditprinzips, so daß diese Kreditpolitik nur mehr als Mittel für die Geldpolitik erscheint.

Im folgenden betrachten wir ganz kurz die Geschäftstätigkeit der Nationalbank getrennt nach den Daten, die in den Bilanzen veröffentlicht werden.

Die Entwicklung des Barschatzes zeigt ein überraschend gutes Ergebnis. Zum Barschatze gehören der Metallbestand und die Deckungsdevisen nach Artikel 85 der Statuten (Zahlungsmittel von Ländern mit stabiler Valuta). Die Ursachen dieser Entwicklung waren der steigende Kronenwert, der gehamsterte Devisen hervorlockte, die allmählich einströmenden kurz- und langfristigen Auslandskredite sowie die Devisenbewirtschaftung.

Devisenansprüche für die Wareneinfuhr und zur Umwandlung bestehender ausländischer Kronenforderungen wurden jedoch schon seit Mitte 1925 durchweg befriedigt. Alle Devisenhandelsbeschränkungen fielen am 21. Nov. 1925 gleichzeitig mit der Einführung der Pengowährung.

Die große Zunahme des Goldbestandes im besonderen geht in der ersten Zeit darauf zurück, daß für die in Goldkronen festgesetzten Leistungen an den Staat alte Goldmünzen zum Nennwert angenommen wurden (Kurswert etwa 14 500 bis 15 000 PK.), während der Umrechnungskurs allgemein 17000 betrug und nur bei Zollzahlungen dem Kurswert angenähert wurde. Aus Zollzahlungen allein flossen bis 30. Juni 1926 in Goldmünzen verschiedener Staaten 4 494 515 GK. ein, der größte Teil im ersten Sanierungsjahre. Im Jahre 1926 kaufte die Nationalbank umfangreiche Goldmengen an, so daß der Goldbestand schließlich den Devisenbestand weit überwog. Da die Aufnahme der Barzahlungen erst nach einigen Jahren praktisch werden wird, bedeutet es eine unnötig starke Betonung des Strebens nach der reinen Goldwährung, schon jetzt für blinkendes unfruchtbares Gold zinsbringende Devisen hinzugeben. Ende 1925 war der effektive Notenumlauf mit 14,2 % durch Gold gedeckt, Ende 1926 mit 35,8 %. Die ungarische Nationalbank nahm im Gegensatz zur österreichischen Nationalbank das Devisenkostgeschäft nicht auf.

Tabelle 1.

Lage der Ungarischen Nationalbank.

Milliarden Papierkronen[1])

Ende des Monats	Aktiva					Passiva			
	Barschatz			% Deckungs-[2]) verhältnis	Wechsel-bestand	Noten-umlauf	Giroguthaben, Depots und sofort fällige sonstige Verbindlichkeiten		
	Gold (gemünzt und ungem.)	Deckungs-devisen (Art. 85)	zusammen (einschl. Silber)				staatliche	sonstige	zusammen
1924									
Juni	246,9	681,3	938,0	45,8	1 192,5	2 893,7	755,2	380,5	1 135,7
Juli	441,8	1 110,9	1 566,3	57,5	1 257,6	3 277,9	1 095,5	329,1	1 424,6
August	449,9	1 382,9	1 846,4	58,5	1 438,5	3 659,8	1 092,0	381,2	1 473,2
September	540,4	1 385,9	1 939,9	54,6	1 756,6	4 115,9	1 054,1	362,3	1 416,4
Oktober	503,4	1 658,7	2 175,4	52,8	1 872,4	4 635,1	1 179,7	285,7	1 465,4
November	508,4	1 816,1	2 337,8	53,2	1 984,5	4 442,6	1 665,3	264,4	1 929,8
Dezember	532,8	1 933,4	2 479,5	53,8	1 976,9	4 514,0	1 865,5	204,0	2 069,5
1925									
Januar	509,8	1 967,3	2 489,5	54,0	1 848,6	4 449,7	2 012,0	126,7	2 138,6
Februar	596,3	1 989,1	2 597,8	54,0	1 676,6	4 238,0	2 359,1	183,2	2 542,3
März	669,1	1 984,0	2 665,5	54,9	1 514,5	4 270,1	2 408,9	143,9	2 552,8
April	653,5	2 082,0	2 747,7	54,6	1 485,9	4 526,2	2 341,8	128,7	2 470,5
Mai	648,9	2 129,6	2 790,6	55,0	1 459,3	4 493,6	2 307,2	233,9	2 541,1
Juni	633,2	2 091,9	2 737,2	58,5	1 429,0	4 583,2	1 874,4	183,5	2 057,9
Juli	630,3	2 004,3	2 646,7	57,4	1 562,9	4 743,6	1 665,1	160,6	1 825,7
August	630,6	2 170,9	2 813,8	56,5	1 564,0	4 990,5	1 817,1	131,3	1 948,4
September	630,6	2 334,2	2 977,0	55,7	1 734,3	5 102,5	2 047,6	152,4	2 200,1
Oktober	737,8	2 530,9	3 281,2	56,4	1 684,9	5 440,0	2 093,8	235,1	2 328,9
November	740,4	2 566,5	3 318,9	57,2	1 575,6	5 080,3	2 396,2	285,7	2 682,0
Dezember	740,8	2 587,8	3 340,5	56,5	1 677,3	5 193,9	2 377,0	299,9	2 676,8
	[3]) 59,3	207,0	267,2		134,2	415,5	190,2	24,0	214,1
1926									
Januar	59,3	193,6	253,8	57,2	150,8	404,7	185,3	10,0	195,3
Februar	76,3	172,7	249,9	56,0	149,4	393,5	177,0	30,0	206,9
März	84,6	153,9	239,4	57,6	139,1	380,4	177,7	11,6	189,3
April	88,9	152,6	242,4	54,7	167,5	410,8	174,0	9,8	183,9
Mai	110,5	128,5	240,0	54,5	174,9	387,5	187,9	16,5	204,3
Juni	121,1	107,1	229,2	54,7	165,1	395,4	166,1	9,4	175,5
Juli	141,2	93,7	235,7	54,6	161,5	424,3	150,5	8,4	158,9
August	168,6	82,3	251,8	55,0	159,1	431,5	166,1	11,5	177,6
September	168,7	80,7	250,1	52,9	181,8	441,3	170,2	11,3	181,5
Oktober	168,8	115,1	284,6	53,5	187,3	482,1	185,6	14,5	200,1
November	168,8	116,7	286,3	52,1	192,6	446,9	233,1	13,6	246,7
Dezember	168,8	117,0	290,8	50,2	218,1	470,9	221,5	21,8	243,3
1927									
Januar	168,9	103,4	274,9	50,1	206,8	435,1	228,4	13,0	241,4
Februar	168,9	110,3	282,6	51,0	189,6	415,8	246,6	13,5	260,1
März	168,9	105,3	276,7	50,2	208,9	418,1	229,3	22,8	252,1
April	168,9	93,0	265,0	47,4	242,1	443,0	220,2	13,5	233,7
Mai	169,0	92,4	265,1	47,2	248,9	428,6	232,4	16,0	249,2

Dieses Sammeln eines Barschatzes bedeutet stärkere Betonung des currency-principle gegenüber dem banking-principle. Nicht allein die Diskontpolitik dient hierzu (Anlockung von ausländischen Geldern), große Bedeutung hat die Gestaltung des Staatshaushaltes: die Sicherheit, daß der Staat nicht mehr zur Inflation greifen wird, läßt aus-

[1]) Von Januar 1926 ab in Mill. P. [2]) Deckung von Notenumlauf und Giroverbindlichkeiten abzgl. Staatsschuld durch Barschatz. [3]) In Mill. P.

ländisches Geld einströmen. Der wachsende Gold- und Devisenbestand sichert als Stabilisierungsreserve einen Mindestwert der Krone und zwar unmittelbar dem Pfund Sterling gegenüber. Solange die Noten nicht unbedingt in Reserven des Barschatzes einlösbar sind (bei Goldwährung letztlich Gold), erscheint die Durchführung des Umtauschprinzipes einseitig beschränkt zur größeren Sicherung des Barschatzes. Die Tatsache, daß die Höhe der Deckung erfahrungsgemäß praktisch den Umtausch gewährleistet, übt beruhigende psychologische Wirkung aus. Die Devisenreserve der Nationalbank bildet auch den Fonds, aus dem Ansprüche an Einfuhrdevisen gedeckt werden.

In der Gestaltung des Wechselbestandes zeigt sich der vorwiegend agrare Charakter Ungarns. Die Landwirtschaft hat auch die Möglichkeit, Sechsmonatswechsel bei der Nationalbank einzureichen. So steigt der Wechselbestand saisonmäßig im Herbste stark an, vor allem in der Provinz. Notenbankkredit war nach der Inflation sehr begehrt, der Notenbanksatz stand bedeutend tiefer als der Leihsatz des freien Marktes. Auch fehlte es an Betriebskapital, und man nahm die Nationalbank nicht selten auch für Zwecke in Anspruch, für die Wechselkredit der Notenbank eigentlich nicht in Frage kommen dürfte. In beschränktem Maße mußte den besonderen Verhältnissen Rechnung getragen werden, da Betriebseinschränkungen größere Schädigungen für die Gesamtheit befürchten ließen. Die Diskonterhöhung am 17. Sept. 1924 von 10 auf $12^1/_2$ % konnte nicht voll wirksam werden, da der Geldbedarf anderweitig nur schwer zu befriedigen war. Die Diskontpolitik wurde als Mittel der Kreditpolitik zunächst unwirksam bzw. ließ die wirksame Anwendung große Schäden erwarten; man erreichte die Beschränkung in der Kreditgewährung durch scharfe Wechselzensur und dadurch, daß man die Zahl der unmittelbaren Einreicher bei der Nationalbank allmählich verringerte. Zu einer schroffen Kontingentierung wie in Deutschland kam es nicht. Die ungarische Nationalbank hat in zielbewußter, nie schroff wirkender Weise mit Erfolg auf Krediteinengung hingearbeitet. In den Statuten der Nationalbank ist die Verfolgung des Kreditprinzips weitgehend berücksichtigt, in der Zeit der Stabilisierung des Geldwertes fand (nach unserer dargelegten Ansicht notwendig) eine Zurückdrängung des Kreditprinzips zugunsten des Umtauschprinzips statt, bis eine restlose Stabilisierung der Valuta gesichert und eine gewisse Beruhigung und Befestigung des Wirtschaftslebens eingetreten war. Dabei blieb die Nationalbank immer auf eine Senkung der Zinssätze bedacht, die eine außerordentliche Höhe erreicht hatten. Besonders Provinzgeldinstitute gewährten für Einlagen 20 und mehr Prozent, selbst Gemeinden und Städte verlangten von den Geldinstituten noch lange Zeit 20% für ihre Gelder. Die Ausleihesätze waren entsprechend hoch, für erste Firmen etwa 16 bis 25 %. Generalkommissar Smith riet den Geldinstituten, durch Herabsetzung des Zinssatzes den Umsatz zu steigern, übersah aber vollständig, daß die Geldinstitute bei der Kreditgewährung nicht hinausgehen dürfen über ein gewisses Maß, das bestimmt wird durch die Größe des Eigenkapitals und den Einlagestand. Auf schmaler Basis konnte man nicht bedenkenlos auf Umsatzsteigerung hinwirken, und die Höhe des Einlagezinssatzes beeinflußte auch maßgebend die Ausleihesätze; die Konkurrenz der Banken um die Spargelder wirkte auf die Steigerung hin. Die Diskontherabsetzung auf 11 % (Lombardsatz 12 %) mit Wirkung vom 27. März 1925 brachte nicht die erwartete Senkung des privaten Zinsfußes; weder eine weitere Herabsetzung auf 9 % mit Wirkung vom 28. Mai 1925 noch die Drohung der Nationalbank, die geschäftliche Verbindung mit den Instituten abzubrechen, die sich dem Bestreben auf Ermäßigung der Zinssätze widersetzen, konnten eine ersichtliche Senkung des privaten Zinsfußes in der Provinz herbeiführen. Erst als Auslandskapital reichlicher einfloß und auch die Provinz befruchtete, hauptsächlich 1926, sanken die Zinssätze ziemlich rasch, die Nationalbank konnte den Diskontsatz am 22. Oktober 1925 auf 7 % ermäßigen, am 26. August 1929 auf 6 %.

Die sprunghafte Zunahme des Wechselbestandes um beinahe 30 Mill. P. im April 1926 ist keiner Krediterweiterung, sondern dem außerordentlichen Umstande zuzuschreiben, daß in diesem Monat die Änderung des Geschäftskreises der Geldinstituts-Zentrale durchgeführt wurde und im Zusammenhang mit der Übertragung der staatlichen Gelder an die Notenbank diese auch einen großen Teil der bei der Geldinstituts-Zentrale diskontierten Wechsel übernahm.

Der Notenumlauf wird geschieden in den effektiven Notenumlauf (billets en circulation), der die Menge der nicht bei den Kassen der Nationalbank befindlichen Noten darstellt, und den virtuellen Notenumlauf (comptes courants, depôts et autres obligations à vue), der die stets fälligen Verbindlichkeiten der Bank umfaßt.

Der Notenumlauf erfährt jeweils im Herbst eine saisonmäßige Steigerung, die bis zum Frühjahr wieder verschwindet. Abgesehen von diesen Saisonschwankungen zeigt der Notenumlauf steigende Tendenz: der Gesamtumlauf hat von Ende Dezember 1924 bis Ende Dezember 1926 eine Erhöhung um 2343,5 Milld. PK. (= 35,6 %) auf 8926,9 Milld. PK. erfahren. Der effektive Notenumlauf ist allerdings weniger gestiegen (nur um 1372,0 auf 5885,9 Milld. PK. oder um 30,4 %), der virtuelle hingegen um 46,9 % (um 971,6 auf 3041,0 Milld. PK.). Der Hauptanteil dieser Zunahme entfällt auf die Erhöhung der staatlichen Giroanlagen, die sich um 903,6 (48,5 %) auf 2769,0 Milld. PK. vermehrt haben. Dagegen sind die privaten Giroforderungen nur um 33,3 % gewachsen.

Die Zahlen des Notenumlaufes geben wegen der Verquickung mit den Kassenbeständen des Staates kein getreues Spiegelbild der Geld- und Kreditpolitik der ungarischen Nationalbank. Dem Sanierungsplane gemäß sind Kassenhaltung und Geldverkehr des Staates bei der Nationalbank zu zentralisieren, was schon 1924 sehr weitgehend, im April 1926 restlos durchgeführt wurde. Kleinere Beträge verbleiben auch weiterhin unter der Verwaltung der einzelnen Ministerien. Bis April 1926 hatten die Postsparkasse und andere staatliche Betriebe ihre Überschüsse hauptsächlich bei der Geldinstitutzentrale und bei der Landes-Zentral-Kreditgenossenschaft angelegt, zu der Zeit wurden sie angewiesen, die Überschüsse an die Nationalbank auf besonderes Girokonto zu überweisen und anderswo plazierte Gelder bis Ende Juni 1926 auf dieses Konto zu übertragen. Bei der Geldinstituts-Zentrale verblieben 100 Milld. PK. zu Ausleihungen an Beamte, dagegen leitete sie bis Ende Juni 1926 etwa 165 Milld. PK. an Postsparkassegeldern an die Nationalbank, ebenso die Landes-Zentral-Kreditgenossenschaft etwa 60 Milld. PK. Durch diese Maßnahmen wurde die Stellung der Notenbank als Kreditgeberin sehr gestärkt, ihr Einfluß auf dem Geldmarkte erhöht. In den stets fälligen Verbindlichkeiten ist auch dieser Kassenbestand des Staates mit einbegriffen. Durch diese Regelung soll ein ständiger Einblick und eine laufende Überwachung der Finanzgebarung des Staates ermöglicht werden. Scheiden wir aus dem virtuellen Notenumlaufe die staatlichen Giroforderungen aus, so ist die Zunahme des Notenumlaufs seit Herbst 1924 nicht entfernt so beängstigend, wie dies bei Betrachtung der Sammelziffer der Fall ist. Deshalb empfinden wir es auch als Mangel, daß in den Berichten des Generalkommissars die staatlichen Giroforderungen nicht getrennt ausgewiesen wurden. Aus dem Notenumlauf dürfen wir die staatlichen Giroforderungen aussondern, soweit sie den Charakter von Ersparnissen haben und nicht tatsächlich ständig in Bewegung sind. Nach dem 11. Bericht des Generalkommissars waren am 31. März 1925 von 2408 Milld. PK. staatlichen Giroforderungen etwa 700 Milld. Betriebskapital für den Staat und die staatlichen Betriebe, 1400 Milld. unterstanden dem Generalkommissar auf den Konten der Anleihe und der gesperrten Einnahmen, 300 Milld. fanden vorübergehend Verwendung zur Gewährung langfristiger Kredite an die Landwirtschaft. Nur die Betriebsmittel kann man mit Recht dem Notenumlauf zuzählen, sie entsprechen den privaten Giroforderungen. Aus der Kassahaltung für den Staat erklärt sich auch die starke Ultimobeanspruchung. In der Folgezeit stieg der Notenumlauf noch stark wegen der Zunahme des Barschatzes und des Postens „andere Aktiva“, in dem besonders auch die nicht zur Deckung herangezogenen Devisen ausgewiesen werden.

Die Elastizität des Notenumlaufs, die Möglichkeit einer Vermehrung, bildet eine ständige Zahlungsmittelreserve. Diese verhindert eine Geldwertsteigerung und sichert so in Verbindung mit der sogenannten Stabilisierungsreserve die Stabilität des Geldwertes, d. i. die Stabilität des grundlegenden Kaufkraftverhältnisses.

Für die Ansprüche der Wirtschaft wird diese Zahlungsmittelreserve allmählich dadurch erhöht, daß die Schuld des Staates an die Nationalbank verringert wird. Zwecks rascher Tilgung der Staatsschuld wurde zwischen Regierung und Nationalbank am 27. April 1926 ein Abkommen getroffen, wonach die Staatsschuld in absehbarer Zeit um etwa 76 Mill. P. (950 Milld. PK.) verringert werden soll. Zu Beginn der Sanierungsperiode betrug die Staatsschuld an die Nationalbank 1980 Milld. PK. (= 158,4 Mill. P.) und war mit 2½ % zu verzinsen, mit ½ % jährlich zu tilgen. Bis April 1926 trat eine Verminderung auf 1926,7 Milld. PK. (= 154,1 Mill. P.) ein durch Gewinnanteil bei der Notenbank und den Verkauf der Aktien der ungarischen Banknotendruckerei an die Nationalbank. Nach dem neuen Abkommen sollen der Nationalbank zur Abtragung der Staatsschuld besonders zufließen: der Münzgewinn (innerhalb 2 Jahren etwa 24,8 Mill. P.); der Anteil des Staates am Liquidationserlös der Österreichisch-Ungarischen Bank (17,6 Mill. P.); der Liquidationserlös nach dem staatlichen Noteninstitut (20,8 Mill. P.), der vorübergehend an die Landwirtschaft ausgeliehen ist und bis Ende 1929 zurückfließen wird; weiter etwa 12,8 Mill. P. aus dem Inkasso jener Wechsel, die seinerzeit der Staat vom Noteninstitut übernommen hatte. Demgegenüber wird die Verzinsung der Staatsschuld auf 1 % herabgesetzt, da dem Staat aus der Zentralisierung seiner Gelder bei der Nationalbank ein großer Zinsentgang erwächst. So wird in kurzer Zeit die Schuld des Staates auf etwa 81,7 Mill. P. herabgedrückt werden. Dafür ist eine Erweiterung des Kreditrahmens für die Privatwirtschaft vorgesehen, so daß wir im ganzen nur eine „finanzielle Deflation" und keine „Gelddeflation" (Rist) vor uns haben. Die Politik der Notenbank geht dahin, möglichst bald die Barzahlung wieder aufnehmen zu können, was satzungsgemäß erst möglich ist, wenn die Schuld des Staates an die Nationalbank nur noch 30 Mill. Goldkronen (34,76 Mill. P.) beträgt. Die Schuld des Staates belief sich Ende Dez. 1926 auf 134,7 Mill. P., Ende Mai 1927 auf 116,5 Mill. P.

Staatshaushalt.

Der Herstellung des Gleichgewichtes im Staatshaushalte wendet der Wiederaufbauplan die größte Aufmerksamkeit zu. Dies geschieht mit Rücksicht auf die unmittelbare Bedeutung, die der Herstellung des Gleichgewichts im Staatshaushalte für die Stabilisierung des Geldwertes zukommt. Die Besonderheit der Beziehung zwischen Staatshaushalt und Währung beruht darauf, daß der Staat „Zahlungsmittel“ ausgeben, zu eigenmächtiger Geldschöpfung greifen kann. Wäre dies nicht der Fall, so nähme der Staat als Fiskus grundsätzlich dieselbe Stellung ein hinsichtlich des Geldwertes wie eine private Wirtschaft, der Einfluß wäre praktisch gleich Null. Ob der Fiskus unmittelbar Staatspapiergeld ausgibt oder ob die Notenbank veranlaßt wird, das Umtauschprinzip aufzugeben und das Kreditprinzip weitestgehend zu verfolgen, ist hinsichtlich der eigenmächtigen Geldschöpfung durch den Staat gleichgültig. Stabilerhaltung des Geldwertes erfordert, daß jeder solche eigenmächtige Eingriff in das Geldwesen ferngehalten bleibt, Stabilisierung des Geldwertes erfordert, daß Eingriffe in das Geldwesen durch eigenmächtige Geldschöpfung restlos aufhören. Der Staat muß seine Ausgaben aus ordentlichen Einnahmen oder aus Anleihen bestreiten. In diesem Sinne erscheint Ausgleich des Staatshaushaltes als notwendige Voraussetzung für eine Geldwertstabilisierung.

Die im Abschnitte „Währung und Valuta“ angeführte abweichende Ansicht beruht u. E. auf einer quaternio verborum: „Ausgleich“ und „Ausgleich ohne Schuldaufnahme“; denn tatsächlicher Nicht-Ausgleich, wenn also der Fiskus seine Schuldverpflichtungen nicht erfüllen kann mit Mitteln aus ordentlichen Einnahmen oder Anleihen, hat notwendig eigenmächtige Geldschöpfung oder Staatsbankrott zur Folge. Es ist allerdings unwesentlich, ob der Staatshaushalt „eigenausgeglichen“ ist oder „geborgt ausgeglichen“, wesentlich ist dauernder Ausgleich ohne eigenmächtige Geldschöpfung.

Mit Rücksicht auf die Währung, also die Geldwertstabilisierung, müssen wir die Staatsfinanzen schon als gesund bezeichnen, wenn Ausgleich des Staatshaushaltes erreicht wird. Unter dem Gesichtspunkte der „Wirtschaft“ gewinnen jedoch Art und Wege der Ausgleichung entscheidende Bedeutung. Für die Sanierung ergibt sich primär, daß der Staatshaushalt überhaupt ausgeglichen werden muß (dies ist entscheidend für die Stabilisierung des Geldwertes und steht deshalb auch im Interesse der Gesamtwirtschaft allem anderen voran), sekundär, daß die Ausgleichung so erfolgen muß, daß die daraus der Wirtschaft erwachsenden Lasten möglichst gering sind. Das zweite ist eine finanzpolitische Aufgabe im engeren Sinne, die Lasten möglichst zu vermindern und nach der Leistungsfähigkeit der Wirtschaftssubjekte zu verteilen. Bei der Lastenverteilung handelt es sich sowohl um „persönliche“ (Besteuerung) als auch um „zeitliche“ (Anleihen). Der Staatshaushalt ist „geborgt ausgeglichen“ oder „eigenausgeglichen“ je nachdem, ob Anleihen in Anspruch genommen werden oder nicht; ob es sich dabei um Anleihen zu „konsumtiven“ oder „produktiven“ Zwecken handelt, ist in diesem Zusammenhange grundsätzlich gleichgültig, nur mit Rücksicht auf die Erlangung der Mittel für die Tilgung kann man fordern, daß Anleihen zu nicht produktiven Zwecken (gewissermaßen staatsfinanzielle „Überbrückungskredite") wenn irgend möglich nicht aufgenommen werden. Nach Zeiten mit Fehlbeträgen im Staatshaushalte kann der Ausgleich erreicht werden durch Einnahmenerhöhung oder Ausgabenverminderung, auch beide Wege zugleich können gegangen werden. Für Währung und Staatsfinanzen ist es gleichgültig, welcher Weg zum Ziele führt, das Interesse der privaten Wirtschaften stellt die Herabsetzung der Ausgaben in den Vordergrund. Über die zahlreichen Möglichkeiten nach beiden Richtungen hin können wir uns hier nicht auslassen, wir weisen nur auf die Grenzen hin: die Erfordernisse für die Erfüllung notwendiger Staatsausgaben bildet die Grenze für die Ausgabenherabsetzung, die Einnahmensteigerung ist begrenzt durch die Tragfähigkeit der privaten Wirtschaften des Landes; beide Grenzen sind elastisch.

Das ungarische Finanzjahr dauert vom 1. Juli bis 30. Juni. Im folgenden bezeichnen wir die Voranschläge nach dem Sanierungsplan als „Sanierungsbudget" (laut GA. IV: 1924), das ein Normalbudget für die Zeit der Sanierung sein sollte, nachher soll der Staatshaushalt keinen Fehlbetrag mehr aufweisen; den Voranschlag für 1924/25 als „Goldbudget" (aufgestellt in Goldkronen, GA. IX: 1925); den Voranschlag für 1925/26 (aufgestellt in 1000 Papierkronen, GA. XV: 1926) als „Papierbudget". Die Voranschläge enthalten Bruttozahlen, das Sanierungsbudget ist ein Nettovoranschlag. In den Nettoangaben erscheinen von den Bruttozahlen abgezogen 1. die aus anderen Quellen als der Besteuerung stammenden Einnahmen (Ressorteinnahmen); 2. die Eisenbahntransportgebühr und 3. die Betriebsausgaben des Tabakmonopols. Für 1924/25 werden 17000 PK. einer GK. gleichgesetzt, 1925/26 gelten 14500 PK. als eine GK. Seit Beginn der Sanierung werden monatliche Voranschläge aufgestellt und veröffentlicht. In den ersten Monaten 1924/25 wurden vom Generalkommissar vorübergehend Gelder freigegeben zur Schaffung eines Betriebsmittelfonds (im Juli 7344724 GK., im August 13410784 GK.); diese Beträge wurden bis Ende 1924 aus den laufenden Einnahmen zurückgezahlt. Gegen Ende der Sanierungszeit wurde die Kassahaltung des Staates vollständig bei der Nationalbank zentralisiert (siehe Seite 212). Nach einer Verordnung vom 28. April 1925 soll auch die staatliche Buchführung schrittweise zentralisiert werden; so wurde ein Zentralamt für Bezüge geschaffen, das alle Bezüge feststellt, anweist, verrechnet und verwaltet.

Über die gesamten erwarteten Einnahmen und Ausgaben unterrichten folgende Bruttovoranschläge (in 1000 GK.) (s. Tab 3, 4, 5):

	Hoheitsverwaltung 1924/25	1925/26	Staatl. Betriebe 1924/25	1925/26	Summe 1924/25	1925/26
Ausgaben	467 818	575 584	288 765	367 019	756 582	942 404
Einnahmen	387 887	612 939	268 765	357 019	656 652	969 959
Fehlbetrag oder Überschuß	—79 921	+37 355	—20 000	—10 000	—99 930	+27 555

Die Abweichungen vom Sanierungsbudget in der absoluten Höhe und besonders in der Verteilung der verschiedenen Einnahmen und Ausgaben gehen aus den beigegebenen Übersichten (s. Tab. 4, 5, 7) deutlich hervor.

Die Gesamtentwicklung der Staatsgebarung zeigt, daß nach den monatlichen Voranschlägen die Ausgaben gestiegen sind und durchschnittlich höher liegen als die im Sanierungsbudget, Goldbudget bzw. Papierbudget vorgesehenen Durchschnittsausgaben, daß die Einnahmen jedoch noch weit mehr in die Höhe gegangen sind, so daß in den meisten Monaten sogar Nettoüberschüsse veranschlagt werden konnten; tatsächlich ergaben nur wenige Monate Fehlbeträge. Schon im ersten Sanierungsjahre wurde ein Überschuß von etwa 63 Mill. GK. erzielt, im zweiten sogar von 78 Mill. GK.[1])

Unsere Übersicht (Tab. 7) gibt ein deutliches Bild von der Entwicklung der Ausgaben nach den Monatsvoranschlägen. Für Investitionen[2]) sind jedoch weit größere Beträge verwendet worden, und zwar standen im ersten Sanierungsjahre Beträge aus der Zwangsanleihe und aus dem Verkauf von Getreidevorräten zur Verfügung: in den ersten Frühjahrsmonaten 1925 wurden im ganzen 66,6 Milld. PK. aufgewendet zur Kreditgewährung an die Landwirtschaft, zur Fortsetzung der staatlichen Aktion für Kleinwohnungsbau und zur Fortführung des Baues der Pulverfabrik. Ein Teil der Mehraufwendungen

---

[1]) Genaue Daten und besonders Einzelangaben über die Ergebnisse stehen noch nicht zur Verfügung. Das Königl. Ungar. Finanzministerium teilte dem Verfasser mit, daß „seit dem Beginn der Sanierung noch keine Schlußrechnung angefertigt wurde, aus welchem Grunde die diesbezüglichen Daten nicht zur Verfügung stehen". Bei der Umrechnung der angegebenen vorläufigen Zahlen auf Goldkronen ist der Kurswert der Papierkrone in den einzelnen Monaten zugrunde gelegt.

[2]) Von den Investitionen im Bereiche der Hoheitsverwaltung sind besonders bemerkenswert (in 1000 GK.):

	1924/25	1925/26
Ministerpräsidium, Ausbau des Budapester Freihafens auf Csepel	3 600	—
Ministerium für Volkswohlfahrt, Kleinwohnungsbau	2 000	—
Unterrichtsministerium, Herstellungen in Universitäten und Kliniken	1 750	880
Elementarvolksschulen	200	130
Handelsministerium, Brückenbau	1 000	2 166
Ackerbauministerium, Techn. Wasserdienst (Wasserstraßen usw.)	536	1 350

sollte allerdings das Finanzjahr 1925/26 belasten und dem Konto der Zwangsanleihe wieder erstattet werden. Die außerordentlichen staatlichen Investitionen aus den Gebarungsüberschüssen (rd. 140 bis 150 Mill. GK.) und den vom Völkerbund freigegebenen Summen aus der Sanierungsanleihe (50 Mill. GK.) betrachten wir eingehend in anderem Zusammenhang.

Die Leistungen auf Grund des Friedensvertrages und besonders der Schuldendienst nahmen weit größere Beträge in Anspruch, als ursprünglich vorgesehen. Die Steigerung geht hauptsächlich zurück auf erhöhte Zahlungen an das Ausland. Abgesehen vom Dienste für die Sanierungsanleihe (mit einer tatsächlichen Annuität von 33,52 gegenüber der in Aussicht genommenen von 32,0 Mill. GK.) und den Reparationszahlungen sind die wichtigsten die Zahlungen an das britische, französische und italienische Clearingamt auf Grund des Friedensvertrages, die Zinsen und Tilgungen für die Hilfskredite vom Jahre 1921 und die Erfordernisse für den Dienst der Vorkriegsanleihen.[1])

Die Personalausgaben der Hoheitsverwaltung nehmen den größten Posten unter allen Ausgaben des Staates ein. Zu den Personalausgaben gehören die Gehälter für die Staatsangestellten im Dienste und die Besoldung der Mannschaften des Heeres, die Ruhegehälter, die Beiträge an Selbstverwaltungen und die Entschädigungen für abgebaute Beamte. Folgende Übersicht zeigt die absolute Höhe der Personalausgaben und ihren Anteil an den gesamten Nettoausgaben:

1924/25	Sanierungsbudget		Voranschlag			Summe der Monatsvoranschläge	
	Mill.GK.	%	Mill.GK.	nt. %	bt. %	Mill.GK.	%
Gehälter	152,55	38,7	168,0	41,2	35,9	172,31	40,68
Ruhegehälter	55,7	14,1	59,9	14,6	12,8	62,87	14,85
Beiträge a. Selbstverwaltungen	20,2	5,1	31,0	7,6	6,6	26,97	6,36
Abbauentschädigung	—	—	—	—	—	2,88	0,68
	228,45	57,9	258,9	63,4	55,3	295,03	62,57

[1]) Die Schuld an die Vereinigten Staaten von Amerika wurde am 29. Mai 1924 fundiert mit 1939000 Doll., davon 253164,39 Doll. für rückständige Zinsen; dabei beträgt die Tilgungsfrist 62 Jahre, die Verzinsung steigt von anfänglich 3 auf später 3½%, die Tilgungsraten von 67770 Doll. auf 78885 Doll. Die Zahlungen für die Auslandsanleihen der Vorkriegszeit wurden durch das Innsbrucker Protokoll (29. Juni 1923) und das Prager Abkommen (6. November 1925) geregelt; alle Zahlungen sind zu leisten an die „Caisse Commune des Porteurs Étrangers des dettes publiques autrichiennes et hongroises", die sie an die Obligationenbesitzer weiterleitet.

1925/26	Sanierungs-budget		Voranschlag			Summe der Monats-voranschläge	
	Mill.GK.	%	Mill.GK.	nt. %	bt. %	Mill.GK.	%
Gehälter	163,1	39,7	191,7	42,45	33,3	204,5	38,9
Ruhegehälter	61,9	15,1	64,8	15,45	11,3	73,7	14,0
Beiträge	20,3	4,9	31,6	7,0	4,49	35,7	6,8
Abbauentschäd.	—	—	—	—	—	5,2	1,0
	245,3	59,8	288,1[1])	63,8	50,1	319,1	60,6

Naturalzuwendungen kamen seit Beginn der Sanierung ganz in Fortfall. Schon im Juli 1924 statt erst ab Oktober 1924 mußte eine Gehaltserhöhung bewilligt werden. Eine weitere vorschußweise Erhöhung erfolgte unter Zustimmung des Völkerbundsrates und des Generalkommissars ab 1. Februar 1925: im März wurden 3,9, im Mai 2,5 Mill. GK. dazu verwendet. Bis zur Junitagung des Völkerbundsrates mußte die Regierung vorlegen: Unterlagen, die Aufschluß geben über die voraussichtliche Gestaltung der Einnahmen; verläßliche Daten für einen Vergleich der Lage der Staatsbeamten in Ungarn und in anderen Staaten und der Privatbeamten in Ungarn; einen ausführlichen und zweckentsprechenden Plan, „um den Rahmen des öffentlichen Dienstes festzustellen, der der heutigen Lage und den Bedürfnissen Ungarns angepaßt ist". In der Sitzung des Finanzausschusses vom 9. Juni 1925 wurde jener vorschußweise Zuschuß für endgültig erklärt und im Zusammenhang mit einer Statusregelung, die am 1. Juli 1926 in Kraft getreten ist, eine Gehaltserhöhung von durchschnittlich 20 % bewilligt. Diese erhöhten Bezüge wurden schon seit 1. Juli 1925 ausgezahlt.

Die hohen Personalausgaben, besonders für Gehälter, entspringen nicht etwa hohen Gehältern, sondern einer großen Angestelltenzahl. Am 1. Juni 1924 (Vorkriegszahlen für Großungarn) betrug die Zahl der Angestellten in der Hoheitsverwaltung 87234 (95323), von denen 33883 (28543 bzw. richtig 45527) qualifiziert, d. h. in die 11 verschiedenen Rangklassen eingeordnet waren; in den staatlichen Betrieben waren es 51089 (104647) Beamte und 49689 (113816) Arbeiter. Dieses Anschwellen hat seinen Grund einmal darin, daß nach Friedensschluß zahlreiche Beamte aus den abgetrennten Gebieten nach Rumpfungarn strömten und da aufgenommen werden mußten[2]), dann darin, daß (z. T. eben deshalb) neue Beamtenstellen geschaffen wurden; die Inflation drängte in diese Richtung und ermöglichte die Neuschaffung von Stellen. Im Sanierungsgesetze ist ein Abbau von 15000 Staatsangestellten im Laufe der Wiederaufbauperiode

[1]) Die tatsächlichen Ausgaben waren noch 24,1 Mill. GK. größer.

[2]) Graf Bethlen gibt die Zahl dieser Flüchtlinge mit 27815 aktiven Beamten, 12589 Pensionisten, 3372 Witwen und Waisen an.

vorgesehen, diese Zahl bezieht sich aber mit auf die Angestellten und ständigen Arbeiter in den staatlichen Betrieben[1]).

Auf Grund der angeführten Ziffern erhalten wir für die etwa 87000 Angestellten der Hoheitsverwaltung als jährliches Durchschnittsgehalt in GK.:

Goldbudget	Monatsvoranschläge 1924/25	Papierbudget	Monatsvoranschläge 1925/26
1833	1872	2078	2225

Ohne Zweifel ist ein solches Gehalt sehr gering zu nennen, es ist bedeutend geringer als vor dem Kriege (bis zu 50 %). Hier spielt nun der Multiplikator, der amtliche Umrechnungskurs der in GK. festgesetzten Leistungen und Zahlungen eine große Rolle. Dieser Umrechnungskurs wurde zu Beginn des Rechnungsjahres 1924/25 in Übereinstimmung mit den tatsächlichen Verhältnissen mit 17000 PK. für eine GK. festgesetzt und dann so belassen (mit Ausnahme der Umrechnung für die Zollzahlungen), obwohl der Kurswert der Krone täglich stieg; der Goldwert der PK. stieg bis Mai/Juni 1925, als die Kurssteigerung ihren Abschluß fand, um etwa 17 % (1 GK. = 14365 PK.). Diese Entwicklung ermöglichte das Festhalten an einem nominell geringeren Goldkronenbetrage, da das Realeinkommen der Beamten stieg.

Auch die Zahl der Ruhegehaltsempfänger ist sehr groß, im Jahre 1924/25 waren es 98644, im Frühjahre 1926 sogar 100596. Eine Verminderung der Lasten hieraus tritt wohl allmählich selbsttätig ein, die ungarische Regierung versucht jedoch auch, durch Verhandlungen zu erreichen, daß die Staaten, denen ungarisches Gebiet zugefallen, einen entsprechenden Anteil der Lasten für ehemalige Beamte der abgetrennten Gebiete übernehmen; Österreich hat für das Burgenland diese Lasten schon übernommen.

Die Personalausgaben werden die Staatsausgaben auch in Zukunft entscheidend beeinflussen. Da andere Ausgaben eher anwachsen dürften und eine weitere Steigerung der Einnahmen kaum zu erwarten

[1]) Für den 1. Juli 1926 wird die Gesamtzahl der Staatsangestellten mit etwa 165000 angegeben, was gegenüber 30. Juni 1924 einem Abbau von 30000 entspräche. Bis 30. Juni 1927 sollen von den 188012 Angestellten am 1. Juli 1924 28288 abgebaut sein. Dem Beamtenabbau stehen auch große Schwierigkeiten und Bedenken entgegen. Besonders bei gedrückter Wirtschaftslage wird es schwer, Staatsangestellte sogleich in das private Erwerbsleben überzuführen. Aus sozialpolitischen Erwägungen kann der Staat sie nicht einfach ohne jede Sorge für ihr weiteres Fortkommen entlassen. Wenn aber hohe Ruhegehälter oder Unterstützungen gewährt werden, so sind die Ersparnisse gering. Der wünschenswerte sofortige Abbau ist nicht möglich, es kann nur ein planmäßiger allmählicher Abbau erfolgen. Freiwerdende Stellen sollen nicht neu besetzt werden, statt einer Neubesetzung soll unter Umständen eine Umbesetzung stattfinden. Die Hypertrophie in der Verwaltung kann nicht beschnitten, sie muß zurückgebildet werden.

ist, müssen die angeschwollenen Personalausgaben eingeschränkt werden. Daß die Ausgaben vermindert, daß „gespart“ werden soll, darüber herrscht nur eine Meinung; die Schwierigkeiten beginnen bei der Entscheidung, wo die Sparmaßnahmen einzusetzen haben. Im Oktober 1924 wurde deshalb die Landessparkommission[1]) gebildet mit der Aufgabe, alle Zweige der staatlichen Verwaltung zu prüfen und die Möglichkeiten zu untersuchen, die Ausgaben herabzusetzen und die Verwaltung zu vereinfachen. Die Kommission kann nicht selbständig Beschlüsse fassen, die sich in entsprechenden Maßnahmen auswirken, sie stellt nur eine beratende Stelle dar, in der Regierungsvertreter, Mitglieder der Nationalversammlung und Persönlichkeiten des öffentlichen Lebens vertreten sind. Die Beratungen der Kommission sind vollständig geheim. Sie hat nicht die Befugnis, die Durchführung von Sparmaßnahmen, die die Regierung angeordnet hat, zu überwachen oder gar maßgebend zu beeinflussen. Der leitende Gesichtspunkt bei allen Sparmaßnahmen muß sein, möglichst einfache und billige Erfüllung der unerläßlichen Staatsaufgaben zu erreichen. Die Kernfrage ist also, welche Aufgaben der Staat erfüllen will und in welchem Ausmaße, allein davon ausgehend kann eine Sparpolitik einheitlich durchgeführt werden. Mit dem Worte „Personalabbau“ bleibt man an der Oberfläche haften, denn im Grunde handelt es sich um die Rationalisierung sämtlicher notwendigen Tätigkeiten zwecks Kostenminderung (bessere Arbeitsorganisation und Arbeitstechnik). Der Personalabbau muß sich daraus gewissermaßen von selbst ergeben.[2])

---

[1]) Im Anhange a zum § 2 des GA. IV: 1924 werden im ersten Abschnitte nur wenige Sparmaßnahmen genau einzeln getroffen, so: die Aufhebung des Ernährungsministeriums und der staatlichen Mehlversorgung für Staatsangestellte am 30. Juni 1924; Ersetzung der Naturalwohnungen für Beamte durch ein bestimmtes Wohnungsgeld, das entsprechend der Steigerung der Mieten auch anwächst; die schon angeführten Maßnahmen des Personalabbaues und die Festsetzung, daß wöchentlich 42 bis 48 offizielle Bürostunden zu leisten sind, wo dies noch nicht der Fall ist; schließlich die Bestimmung, daß die Beiträge an Selbstverwaltungskörper halbjährlich um $^1/_4$ verringert werden, so daß diese Aufgabe schon ab 1. Januar 1926 überhaupt hätte verschwinden müssen; diese Bestimmung wurde jedoch bis jetzt noch nicht durchgeführt. Die Durchführung der wichtigsten Maßnahmen ist der Regierung bzw. dem Finanzminister anheimgestellt: die Vereinfachung, die Reorganisation der gesamten staatlichen Verwaltung.

[2]) In der Frage der Verwaltungsreform spielt die Frage, ob Zentralisation oder Dezentralisation, eine besondere Rolle; es ist (unter Berücksichtigung der Leistungsmöglichkeit) eine Kostenfrage, was im einzelnen Falle zweckmäßig ist. Die Errichtung einer Zentralstelle für Personalbezüge haben wir schon erwähnt. Desgleichen haben wir schon auf die Statusregelung hingewiesen, durch die die schließlich zu erreichende Zahl der Staatsangestellten in den verschiedenen Gehaltsgruppen festgelegt wurde, die überschüssigen Stellen werden vorläufig auf einer „B-Liste“ weitergeführt; das staatliche Hochbauwesen soll in einer Stelle zusammengefaßt werden; auch die staatliche Materialbeschaffung sollte (nach dem Vorbilde der Gemeinde Wien)

Am 30. Juni 1926 war über den Rest der Sanierungsanleihe (s. Tab. 8) von 81,19 Mill. GK. noch nicht verfügt. Einem Nettoerlös (alle Angaben in Mill. GK.) von 253,80 und einem Kursgewinn von 13,08 stehen an Ausgaben gegenüber: für Emissionskosten 0,52, für die Spezialreserve zur Sicherung des Zinsendienstes 15,62, für den Zuschuß zum Staatshaushalt 1923/24: 69,55, außerdem je 50 zu Investitionen in den Jahren 1925/26 und 1926/27. Nur vorübergehend wurden zum Ankauf von Silber zu Münzzwecken 11,73 freigegeben. Für Investitionen im Jahre 1927/28 sind Freigaben vorgesehen, aber noch nicht erfolgt. Nach dem Aufhören der Kontrolle durch den Generalkommissar[1]) am 30. Juni 1926 trat die Bestimmung des zweiten Sanierungsprotokolls ins Leben (Artikel XI), daß die Treuhänder die Gebarung auf den gesperrten Konten überwachen; außerdem wurde dem Holländer Ter Meulen, der schon an der Fertigstellung des Sanierungsplanes hervorragend beteiligt gewesen war, die Ausübung der Aufsicht über den Anleiherest übertragen.

Eine ganz unerwartete Steigerung der Einnahmen (s. Tab. 5, 6 und 7) ermöglichte es, daß die Sanierungsanleihe trotz höherer Ausgaben, als in Voranschlag gebracht wurden, für die Rechnungsjahre 1924/25 und 1925/26 nicht in Anspruch genommen werden mußte. Die Einnahmenschätzungen waren vorsichtig gewesen in Anbetracht der Ungewißheit, wieviel die Steuergesetze mit den neuen Sätzen einbringen würden. In der Entwicklung der Einnahmen[2]) ist besonders bemerkenswert das verhältnismäßig starke Zurückbleiben der direkten und der außerordentlich hohe Ertrag der indirekten Steuern (Umsatzsteuer[3]), Gebühren und Zölle). (Vgl. Tab. 5 und 7). Umsatzsteuer und Gebühren brachten 1924/25 beinahe 100 % mehr als im Staatsvoranschlage vorgesehen, ebenso die Verbrauchssteuern. Die Zölle brachten ein Vielfaches der veranschlagten Summe. Die Zolleinnahmen betrugen in Prozent des Wertes der Wareneinfuhr:

---

zentralisiert werden, die Widerstände aus den Handelskreisen waren jedoch so groß, daß die Regierung (vielleicht nur vorläufig) von der Durchführung Abstand nahm.

[1]) Generalkommissar Smith nahm den ihm zustehenden Sold für die ganze Zeit seiner Tätigkeit nicht an. Die Regierung errichtete daraus einen Fonds, um ungarischen Studenten technische Studien in den Vereinigten Staaten zu erleichtern.

[2]) Zu den Angaben bemerken wir besonders, daß im Staatshaushalte für 1924/25 allgemein der Multiplikator 17000 Verwendung findet bei Umrechnung der PK. auf GK.; manche Ausgaben können darum in „Budgetkronen" niedriger beziffert werden, die Differenz zwischen „Budgetkrone" und „Kursgoldkrone" war in den einzelnen Monaten jedoch verschieden.

[3]) Erst nach langen Kämpfen wurde die Umsatzsteuer am 1. August 1925 von 3 auf 2 % herabgesetzt. Die viel erstrebte Umgestaltung nach österreichischem Muster (Einphasensystem und Phasenpauschalierung) wurde nicht vorgenommen, erst ein Jahr später wurde für ganz wenige Waren (Brennmaterialien, Vieh) das Einphasensystem eingeführt. Die Rückvergütung der Umsatzsteuer bei der Ausfuhr wird nur in kleinstem Umfange und erst seit 1. August 1926 gewährt.

II. Halbj. 1924	I. Viertelj. 1925	II. Viertelj. 1925	II. Halbj. 1925	I. Halbj. 1926	II. Halbj. 1926
10,7 %	16,7 %	14,6 %	12,86 %	13,8 %	11,2 %

Die Entwicklung der Zolleinnahmen ist für den Staatshaushalt erfreulich und für die Gläubiger aus der Sanierungsanleihe beruhigend; die letzten Angaben zeigen, wie sehr sie die Wirtschaft belasten. Mit dem Abschluß von Tarifverträgen, von denen wichtige noch ausstehen, dürfte diese Belastungsquote etwas abnehmen. Alle gesperrten Einnahmen[1]) zeigten eine weitaus günstigere Entwicklung als die Schätzung des Finanzkomitees des Völkerbunds erwarten ließ.

Ergebnis der gesperrten Einnahmen. Tabelle 2

	Zölle (Brutto)	Tabakregie (Brutto)	Zuckersteuer (Brutto)	Salzmonopol (Netto)	Summe	Summe	Zollzahlungen in Gold
	Millionen Papierkronen					Mill. Goldkr.	Goldkronen
1924/25 *)							
1. Halbjahr	715 346	649 726	210 869	86 830	1655 554	106,8	1 389 820
2. Halbjahr	726 855	667 348	261 702	88 789	1 744 698	118,8	2 822 613
Summe	1 442 201	1 317 074	472 571	175 619	3 400 252	225,6	4 212 433
1925/26							
1. Halbjahr	757 286	759 469	311 278	115 400	1 943 441	133,7	193 605
2. Halbjahr	734 001	762 023	198 234	103 806	1 798 074	123,8	88 504
Summe	1 491 287	1 521 492	509 512	219 206	3 741 515	257,5	282 109
*) Mai-Juni 1924	89 103	180 620	16 848	5 700	292 263	—	—

Auch 1925/26 waren die indirekten Steuern am ergiebigsten. Der Ertrag der direkten Steuern blieb 1924/25 sogar hinter dem Voranschlage zurück, statt mit 31 % sind sie nur mit 18 % am Nettoaufkommen beteiligt gewesen.[2]) In der ersten Hälfte des Finanzjahres 1925/26

[1]) In den Berichten des Generalkommissars erfolgt die Umrechnung auf GK. nach dem Kurswert der PK., was für die Auslandsgläubiger allein zweckmäßig ist. In der Feststellung über den gesamten Staatshaushalt haben wir auch hier für 1924/25 den Multiplikator 17000, für 1925/26 den Multiplikator 14500 angewandt, dies ganz einheitlich auch für die Zolleinnahmen, die ja seit 1. Jan. 1925 nach einem veränderlichen Zollmultiplikator erhoben werden, soweit sie nicht in effektiven Goldmünzen bezahlt werden.

[2]) Die Grundsteuer brachte z. B. mit 26,1 Mill. GK. etwa 20 % weniger als veranschlagt; allerdings wurden 1925/26 noch nachträgliche Zahlungen geleistet. 1924/25 betrug der Steuersatz 25 % des Katastralreinertrages, 1925/26 jedoch 29,25 %, jetzt soll er wieder auf 25 % ermäßigt werden. Bei der Einkommensteuer hat am 1. Jan. 1926 eine Ermäßigung stattgefunden, der Höchstsatz von 40 % kommt statt bei 200000 GK. erst bei 1 Mill. GK. Einkommen in Anwendung, entsprechend änderte sich die Staffelung des Satzes von 1 bis 40 %. Ähnlich wurde bei der Vermögens-

war das Aufkommen besser, doch dürfte schon wegen der verschiedenen Steuerermäßigungen im zweiten Halbjahr ein Rückgang eingetreten sein.

Keine Verringerung der Ausgaben, ja eine kleine Zunahme, starke Zunahme der Einnahmen, dies ist das Gesamtbild der Entwicklung in den beiden Rechnungsjahren 1924/25 und 1925/26 gegenüber den Staatsvoranschlägen. Zu Beginn der Sanierungsperiode fehlte noch jede Erfahrung vor allem hinsichtlich der zu erwartenden Einnahmen, ohne Erfahrung jedoch ist ein Haushalten wie überhaupt ein Wirtschaften noch gar nicht möglich. Nach der vollständigen Wandlung aller Verhältnisse waren nur Mutmaßungen und Schätzungen möglich, von einer eigentlichen Finanzpolitik konnte noch nicht die Rede sein, da die festen Grundlagen für ein politisches Verhalten noch fehlten. Weitestgehende Vorsicht bestimmte die Monatsvoranschläge des Rechnungsjahres 1924/25. Wahrscheinlich haben erst die überraschenden Ergebnisse der ersten Monate den Anlaß dazu gegeben, schon für 1924/25 als Ziel ins Auge zu fassen, den Staatshaushalt ohne Heranziehung der Sanierungsanleihe ins Gleichgewicht zu bringen. Möglich war auch der andere Weg, die Steuern entsprechend dem Mehreingange zu ermäßigen. Man könnte leicht dazu kommen, die ungarische Finanzpolitik zu verurteilen, wenn man bedenkt, daß der hohe Zinssatz für die Anleihe auch bei Nichtinanspruchnahme bezahlt werden muß, wogegen in diesem Falle nur eine kleine Vergütung gewährt wird von den Banken, bei denen die Anleihebeträge liegen. Die ungarische Regierung erstrebte jedoch den sofortigen Ausgleich des Staatshaushaltes ohne Hilfe der Anleihe nicht allein aus Vorsicht, sondern vielleicht mehr in der Absicht, die Grundlage dafür zu schaffen, daß die Sanierungsanleihe anderen Zwecken zugeführt werden könne, als ursprünglich geplant, nämlich Investitionszwecken, nachdem sie zur Ausgleichung des Staatshaushaltes nicht notwendig geworden. Tatsächlich erreichte die ungarische Regierung, daß der Völkerbundsrat zu Zwecken deutlich produktiven Charakters Beträge aus der Sanierungsanleihe freigab und zwar für 1925/26 zunächst 30, dann noch 20 Mill. GK., für 1926/27 50 Mill. GK. Dies bedeutete zweifellos einen großen Vorteil; eine eigene Auslandsanleihe für notwendige Investitionen wäre zu der Zeit kaum unterzubringen gewesen; außerdem wäre für eine solche Sonderanleihe wahrscheinlich der Zinssatz bedeutend höher, Bankprovisionen und ähnliche Unkosten wären erneut zu tragen gewesen; die Laufzeit der Sanierungsanleihe ist hinlänglich lang, so daß dieses Geld sehr wohl zu Investitionen Verwendung finden kann, wobei sich die Regierung von dem Grundsatze leiten läßt, daß Zinsen und Kapitalien mindestens in dem

---

steuer das steuerfreie Vermögen von 4000 auf 20000 GK. erhöht; der Satz beträgt 0,1 bis 1 %. In diesem Zusammenhange können wir nicht weiter auf die verschiedenen Steuergesetze und die neuesten Änderungen eingehen.

Maße zurückfließen sollen, als Zinsen- und Tilgungsdienst der Sanierungsanleihe zu leisten sind.

Den Vorteilen der eingeschlagenen Finanzpolitik (unter Berücksichtigung der großen Bedeutung, die im Hinblick auf die Sanierung der Gewißheit zukommt, daß der schließliche Fehlbetrag wenigstens den veranschlagten nicht überschreite, mag man diese vorsichtige Politik als notwendig bezeichnen) steht die große Steuerbelastung der ungarischen Wirtschaft gegenüber. Auf den Kopf der Bevölkerung (8,2 Mill.) beträgt die Belastung in Goldkronen:

	1924/25			1925/26		
nach	Gold-budget	Monats-voranschläge	Ergebnis	Papier-budget	Monats-voranschläge	Ergebnis
Brutto	47,3	56,2	—	74,6	74,8	—
Netto	37,5	46,7	66,1	59,4	62,8	68,4

Dabei sind die Gemeindelasten nicht eingerechnet, mit ihnen wächst die Nettobelastung auf etwa 75 bis 80 GK.[1])

Die hohen Steuern wurden zu einem guten Teile durch Vermögens- und Kapitalverzehr aufgebracht, sie wurden trotz Absatzstockung aus der Wirtschaft herausgepreßt. Eine steuerliche Beanspruchung der Wirtschaft, die zu Kapitalverzehr führt, ist ohne Zweifel vorübergehend zu rechtfertigen, wenn nur auf diesem Wege die für die Sanierung grundlegende Ordnung der Staatsfinanzen möglich wird. Die Schwierigkeit einer solchen Politik besteht darin, den Weg zum Abbau von Steuern noch so rechtzeitig zu finden, daß die Wirtschaft nicht derart erschöpft ist, daß sie hernach kaum noch Steuern zu bringen vermag. Dieser Tatsache war sich die ungarische Regierung wohl bewußt, nicht entscheiden können wir, ob sie immer entsprechend gehandelt hat, ob sie wirklich Steuerermäßigungen eintreten ließ, sobald die finanzielle Lage es ermöglichte unter Berücksichtigung des

---

[1]) Man ist leicht geneigt, den absoluten Ziffern der Kopfbelastung eine zu große Bedeutung beizumessen, während sie eigentlich Wert bekämen erst durch Vergleichung mit der Einkommenshöhe, denn erst daraus wäre die Belastung wirklich ersichtlich. Darum halten wir auch Vergleiche von absoluten Ziffern verschiedener Länder für zwecklos (ganz abgesehen von den unterschiedlichen Berechnungsgrundlagen und Berechnungsmethoden), da die Beziehung zum Einkommen fehlt, ein Vergleich also nur ein schiefes Bild ergibt. Schätzungsweise sollen die Steuern in Ungarn im Durchschnitte 13 bis 15 % des Gesamteinkommens betragen, für ein Agrarland ein hoher Anteil. Die Belastung der Stadtbevölkerung ist allerdings bedeutend größer, da sie durch die indirekten Steuern mehr betroffen wird und die Gemeindelasten höher sind als auf dem Lande. Generalkommissar Smith betonte schon am 9. Juni 1925 bei den Beratungen vor dem Völkerbundsrate, daß die Besteuerung Ungarns die Leistungsgrenze und Leistungsmöglichkeit erreicht habe. Mit Rücksicht auf diese hohe Steuerlast sprach auch Graf Albert Apponyi von den opferbereiten Kraftanstrengungen des „unbekannten Steuerträgers".

weiteren Zieles, schon das erste Rechnungsjahr der Sanierungsperiode ohne Fehlbetrag abzuschließen auch ohne Beanspruchung der Anleihehilfe. Daß am Schlusse dieses Rechnungsjahres sich ein so großer Nettoüberschuß (63, 1925/26 sogar 78 Mill. GK.) ergab, scheint dagegen zu sprechen, es ist jedoch schwer zu beurteilen, ob dieser Überschuß nur einer äußerst vorsichtigen Veranschlagung entsprang oder bewußt erstrebt wurde. Jedenfalls wurde dem vielseitigen Verlangen nach Steuerreformen und Steuerermäßigungen nur in einem sehr beschränkten, ja verschwindenden Umfange stattgegeben.

Die staatlichen Betriebe.

Die verschiedenen staatlichen Betriebe (Postsparkasse; Post, Telegraph und Telephon; Eisenbahnen; Eisenwerke; Kohlengruben; Landwirtschaftsgüter; Forstgüter; Seidenzucht) werden selbständig verwaltet und rechnungsmäßig selbständig geführt; die Betriebe sind unmittelbar einem Ministerium unterstellt, der erste seit 1926 dem Finanzministerium, die drei zuletzt angeführten dem Ackerbauministerium, die übrigen dem Handelsministerium. Beamte und Arbeiter in den staatlichen Betrieben sind Staatsangestellte. Überschüsse oder Fehlbeträge bei den staatlichen Betrieben gehen zu Gunsten oder zu Lasten des allgemeinen Staatshaushaltes; im Interesse des Ausgleiches des Staatshaushaltes verlangt der Fiskus, daß die staatlichen Betriebe mit ihren Einnahmen wenigstens ihre Ausgaben decken; daher die Forderung, diese Betriebe in kaufmännischem Geiste zu führen, es soll also ein Ertrag erstrebt werden wie bei privaten Unternehmungen; Sanierungs- und Betriebsprobleme sind dieselben wie bei privaten Unternehmungen. Diese Forderung wird für alle staatlichen Betriebe geltend gemacht und hat vom staatsfinanziellen Standpunkte aus allgemein Geltung. Die Wirtschaft stimmt dieser Forderung grundsätzlich zu, sie verlangt aber darüber hinaus im Interesse der Sanierung der Wirtschaft, daß die Belastung für die Wirtschaft möglichst gering sei. Aus diesem Grundsatze erwächst eine verschiedene Stellungnahme zur Geschäftsgebarung und Geschäftspolitik der staatlichen Betriebe je nach ihrer Stellung im Markte. Am deutlichsten wird der Unterschied der Stellungnahme bei Eisenbahnen, Post, Telegraph und Telephon einerseits und den staatlichen Eisenwerken anderseits, bei den anderen staatlichen Betrieben kommt dies weniger zum Ausdruck, weil der Interessentenkreis unter den Privatwirtschaften kleiner ist und ihre Stellung verschieden beurteilt werden kann. Die erstgenannten Betriebe nehmen praktisch eine Monopolstellung ein, ihre Dienste sind für die privaten Unternehmungen praktisch unentbehrlich, der private Wirtschafter verlangt, daß ihm diese Dienste möglichst billig zur Verfügung gestellt werden („Dienstbetriebe"). Anders bei den staatlichen Eisenwerken: an ihrem Bestehen haben private Wirtschaften höchstens in kleinem Ausmaße unmittelbar Interesse; früher arbeiteten sie fast ausschließlich für staatlichen Bedarf, für den heutigen staatlichen Bedarf ist ihre Produktionskapazität zu groß, sie treten mit ihren Erzeugnissen im freien Markte mit privaten Unternehmungen in Wettbewerb („Konkurrenzbetriebe"). Im Interesse der Sanierung der Wirtschaft wird verlangt, daß dieser Wettbewerb ausgeschaltet werde oder daß wenigstens die Wettbewerbsbedingungen nicht durch den Staat einseitig zugunsten der staatlichen Werke gestaltet werden. Das Verlangen der Wirtschaft geht also über das unmittelbare staatsfinanzielle Interesse hinaus, Folge geleistet werden kann diesem Verlangen jedoch nur sekundär. Jeder staatliche Betrieb ist gerechtfertigt, wenn er ohne besondere staatliche Unterstützung billiger arbeitet als ein Privatbetrieb, sei es nun nur ein Hilfsbetrieb (Reparaturwerkstätten und dergleichen) oder ein selbständiger Betrieb wie eben die staatlichen Eisenwerke. Dabei sehen wir hier ab von anderen Gründen für das Bestehen staatlicher Betriebe, etwa zur Beeinflussung von Kartellpreisen und ähnliche. Den Wünschen der privaten Unternehmungen hinsichtlich der Dienstbetriebe kann grundsätzlich nur so weit entsprochen werden, als dadurch die Ausgleichung des Betriebsbudgets nicht gefährdet wird; daher das Bestreben nach Herabsetzung der Ausgaben, nach Kostenminderung zum Zwecke der Verbilligung der einzelnen Leistung; Problem und Aufgabe wie bei den privaten Unternehmungen.

Folgende Übersicht (Tab. 9, S. 34) über den Haushalt der staatlichen Betriebe läßt ihre verhältnismäßige Bedeutung erkennen. An Personalausgaben waren 1924/25 insgesamt 120,4 Mill. GK. vorgesehen, also 41,8 % der gesamten Ausgaben der Betriebe, für Investitionen 10,3 %, für den Schuldendienst 1 %, nämlich 2,89 Mill. GK.

Die Postsparkasse pflegt nicht nur das Scheck- und Clearinggeschäft, sondern auch das Spargeschäft und das Lombardgeschäft. Seit der Valutastabilisierung ist eine bedeutende Zunahme des Geschäftsumfanges eingetreten:

Postsparkassegeschäft in 1000 P.

Monatsdurchschnitt	Spargeschäft Einzahlungen	Spargeschäft Auszahlungen	Scheckgeschäft Einzahlungen	Scheckgeschäft Auszahlungen
2. Halbj. 1924	122	34	330 646	309 723
1. „ 1925	1 935	121	388 908	391 879
2. „ 1925	3 967	3 254	476 805	473 056
1. „ 1926	2 269	2 050	459 276	460 609
2. „ 1926	2 420	2 356	578 959	569 590
1. „ 1927	4 353	2 918	539 180	536 992

Tabelle 9

Staatliche Betriebe.

Betrieb	Voranschlag						Vorläufige Ergebnisse Mill. GK.	
	Ausgaben				Einnahmen			
	Ordentl. Mill. GK.	Investitionen Mill. GK.	Summe Mill. GK.	Summe %	Summe Mill. GK.	Summe %	Einnahmen	Ausgaben
1924/25								
Post, Telegraph und Telephon	45,35	10,10	55,45	19,20	53,70	19,98	50,69	46,10
Postsparkasse	3,48	0,16	3,64	1,26	3,68	1,37	5,30	3,99
Staatsbahnen	179,63	17,96	197,59	68,43	182,12	67,76	197,84	206,42
Staatl. Eisenwerke	22,16	1,00	23,16	8,02	19,55	7,27	24,37	26,17
„ Forstgüter	1,35	0,08	1,42	0,49	1,44	0,54	.	.
„ Landwirtschaftsgüter	3,98	0,30	4,28	1,48	5,00	1,86	.	.
„ Seidenzucht	0,84	—	0,84	0,29	0,90	0,33	.	.
„ Kohlenbergbau	2,16	0,22	2,37	0,82	2,38	0,88	.	.
Summe	258,95	29,82	288,76	100,00	268,76	100,00		
1925/26								
Post, Telegraph und Telephon	64,34	7,0	71,34	19,44	68,12	19,08	69,78	62,37
Postsparkasse	5,82	—	5,82	1,59	5,72	1,60	6,45	6,03
Staatsbahnen	234,41	5,5	239,91	65,37	239,39	67,05	226,39	237,00
Staatl. Eisenwerke	32,25	4,7	36,95	10,07	32,04	8,97	31,95	31,15
„ Forstgüter	1,55	—	1,55	0,42	1,75	0,49	.	.
„ Landwirtschaftsgüter	5,05	—	5,05	1,38	6,27	1,75	.	.
„ Seidenzucht	1,47	—	1,47	0,40	1,51	0,42	.	.
„ Kohlenbergbau	2,14	—	2,14	0,58	2,22	0,62	.	.
Allf. Mehrabgang	2,78	—	2,78	0,76	—	—	.	.
Summe	349,82	17,2	367,02	100,00	357,02	100,00	.	.
1926/27								
Post, Telegraph und Telephon	65,99	—	65,99	18,23	71,83	19,84	73,33	66,56
Postsparkasse	5,73	—	5,73	1,58	5,73	1,58	.	.
Staatsbahnen	238,52	13,90	252,42	69,74	245,33	67,78	245,02	234,26
Staatl. Eisenwerke	27,02	0,35	27,37	7,56	27,26	7,53	.	.
„ Forstgüter	1,63	0,06	1,69	0,47	1,74	0,48	.	.
„ Landwirtschaftsgüter	5,27	—	5,27	1,46	6,52	1,80	.	.
„ Seidenzucht	1,48	—	1,48	0,41	1,53	0,42	.	.
„ Kohlenbergbau	2,02	—	2,02	0,56	2,02	0,56	.	.
Summe	347,66	14,30	361,97	100,00	361,97	100,00	.	.

Die staatlichen Landwirtschaftsgüter (Mezőhegyes, Kisbér) sollen vor allem Musterwirtschaften sein, die alle einschlägigen Versuche machen und ständig die Wirtschaftsweise zeigen, die in den ungarischen Verhältnissen den besten Ertrag verspricht. Ähnlich soll auch die staatliche Seidenzucht ein Vorbild sein und stets aneifern zum weiteren Ausbau dieses Erwerbszweiges, da die Kokongewinnung in Ungarn noch erhöht werden könnte. In Tolna und Győr besitzt der Staat auch Seidenspinnereien. Kohlengruben besitzt der Staat nur noch in kleinem Umfange, sie liefern Kohle hauptsächlich an die Staatseisenbahnen und spielen nur eine untergeordnete Rolle.

Von ganz überragender Bedeutung bei den staatlichen Betrieben sind die Staatsbahnen. Von ihren insgesamt 7115 Betriebskilometern entfallen 3033 km (42,9 %) auf unmittelbaren Staatsbesitz, während 4 093 km zu Privatbahnen gehören, die vom Staate verwaltet werden. Der Ungarn verbliebene Teil der Südbahn (Donau-Save-Adria), der jetzt von den Staatsbahnen verwaltet und betrieben wird, dürfte am 1. Januar 1928 ganz auf die Staatsbahnen übergehen. An Fahrbetriebsmitteln stehen den ungarischenEisenbahnen (Stand von 1925) zur Verfügung 1952 Lokomotiven, 2760 Personenwagen, 31481 Güterwagen und 1025 Postwagen. Ohne die Investitionen wäre der Haushalt der Staatsbahnen aktiv, wobei allerdings angenommen ist, daß die Investitionen nicht in verschleierter Form Betriebsausgaben enthalten. Nach dem Voranschlag von 1924/25 nahmen von den Gesamtausgaben die Beamtengehälter 27,8 % in Anspruch, Ruhegehälter 14,9 %, Arbeitslöhne 15,6 %, Kohle 17,6 %. Die Personalausgaben nehmen also mehr als die Hälfte der Gesamtausgaben ein, was der großen Zahl von Ruhegehaltsempfängern zuzuschreiben ist; die Belastung mit Ruhegehältern ist verhältnismäßig mehrfach größer als vor dem Kriege. Am 1. Juli 1924 betrug die Zahl der Beamten 30968, die der Arbeiter 22239; am Ende der Sanierungsperiode waren zusammen 51383 Angestellte gegenüber 42392 Ruhegehaltsempfängern.

Daß die tatsächliche Gebarung günstiger war, als nach dem Voranschlag erwartet worden, ist zunächst vor allem auf die Tarifgestaltung [1]) zurückzuführen, da in der ersten Zeit der Sanierung sich ein Verkehrsrückgang bemerkbar machte. Später belebte sich der Verkehr bedeutend und brachte auch erhöhte Einnahmen. Nach dem Friedensvertrage von Trianon sind die ungarischen Bahnen als Torso zurückgeblieben, die zu einer organischen Einheit erst auszubauen und umzubilden waren. Noch kann man den Ausbau und die Reformen, die im Jahre 1923 begonnen wurden und seit Sommer 1924 besonders kräftig durchgeführt werden, nicht als abgeschlossen betrachten und endgültig beurteilen; schon jetzt aber kann man sagen, daß die ungarischen

---

[1]) Ab 1. Juli 1924 galten Tarife in GK., die mit dem amtlichen Multiplikator vom 17000 umgerechnet wurden; ab 1. März 1925 wurden die Tarife wieder auf PK. umgestellt. Mitte 1926 erfolgte neuerdings eine Tarifreform, bei der die Personentarife um durchschnittlich 14,7 % erhöht, die Gütertarife für kurze Entfernungen erheblich (14—42 %) ermäßigt wurden, und die Umstellung auf Pengőtarife erfolgte. Zur Förderung der Ausfuhr und Durchfuhr bestehen niedrigere Sondertarife, anderseits werden gewisse Einfuhrwaren höher belastet als heimische, wie vor allem Kohle. Aus handels- und industriepolitischen Gründen war dieses System der Sondertarife vor dem Kriege viel weiter ausgebaut, heute ist die Tarifpolitik als Mittel der Handels- und Industriepolitik durch die Zollpolitik im wesentlichen abgelöst worden. — Zur Tarifgestaltung vgl. besonders *Wirtschaftsbericht der Geldinstituts-Zentrale* Oktober 1925 und Mai 1926.

Tabelle 10. **Voranschlag der Staatsbahnen.**

Ausgaben	1924/25			1925/26			1926/27		
	Mill. GK.	%	% [1]	Mill. GK.	%	% [1]	Mill. GK.	%	% [1]
Beamtengehälter	54,93	27,8	31,0	74,39	31,0	32,9	73,18	29,0	32,1
Ruhegehälter	29,40	14,9	16,7	37,34	15,6	16,5	38,57	15,3	16,9
Versicherung u. dgl. . . .	3,06	1,5	1,8	4,79	2,0	2,1	5,52	2,2	2,4
Arbeitslöhne	30,80	15,6	17,5	31,03	12,9	13,7	27,62	10,9	12,1
Kohle	34,80	17,6	19,6	28,37	11,7	12,5	26,78	10,6	11,7
Eisen u. andere Metalle .	6,00	3,0	3,4						
Schwellen	4,92	2,5	2,8						
Öl	2,72	1,3	1,5	50,10	21,0	22,3	56,53	22,4	24,8
Andere Betriebsausgaben.	10,11	5,1	5,7						
Summe d. Betriebsausgab.	176,74	89,3	100,0	226,02	94,2	100,0	228,20	90,4	100,0
Investitionen	17,96	9,1	—	5,50	1,9	—	13,90	5,5	—
Schuldendienst	2,89	1,6	—	8,38	3,5	—	10,32	4,1	—
Gesamtausgaben	197,59	100,0	—	239,91	100,0	—	252,42	100,0	—

Einnahmen	1924/25		1925/26		1926/27	
	Mill. GK.	%	Mill. GK.	%	Mill. GK.	%
Güterbeförderung	112,85	61,9	147,06	61,4	147,44	60,1
Personenverkehr	45,47	25,0	59,74	25,0	61,42	25,0
Verschiedene	23,80	13,1	32,59	13,6	36,47	14,9
darunter:						
Verwalt. d. Privatbahn.	19,98	11,0	25,11	10,5	26,00	10,6
Postverkehr	1,47	0,8	2,94	1,2	2,35	1,0
Gesamteinnahmen	182,12	100,0	239,39	100,0	245,33	100,0

[1]) In % der Betriebsausgaben.

Staatsbahnen den richtigen Weg eingeschlagen haben, der zum Ziele führen kann: Vereinfachung der Verwaltung durch Dezentralisation insofern, daß Entscheidungen lokalen Charakters von lokalen Behörden unter voller Verantwortung getroffen werden; Verminderung der Verwaltungssektionen; Zentralisation des Verrechnungswesens; Beschränkung der Beamtenzahl usw. zum Zwecke der Kostenminderung im Interesse des Staatshaushaltes und der Wirtschaft; entsprechende Einrichtungen der Grenzstationen im Interesse des Durchgangsverkehrs, Vervollkommnung der technischen Einrichtungen zur Erleichterung und Beschleunigung des Verkehrs, Differenzierung der Tarife nach Waren, Beförderungsstrecke und Beförderungsrichtung und ähnliche Maßnahmen sollen besonders den Bedürfnissen der Wirtschaft entgegenkommen. Auf den schlechten Straßen ist für die Eisenbahnen noch keine nennenswerte Konkurrenz des Automobils möglich.[1]) Für Massengüter tritt die Flußschiffahrt mit der Eisenbahn in Wettbewerb.[2])

Hinsichtlich der Höhe der Einnahmen und Ausgaben stehen unter den staatlichen Betrieben an zweiter Stelle Post, Telegraph und Telephon.[3]) Die Bedeutung für die Staatsfinanzen liegt auf der Hand, die Stellung zum Wirtschaftsleben ist sehr ähnlich der der Eisenbahnen. Die möglichen Streitfragen oder Interessengegensätze sind hier grundsätzlich dieselben wie bei den Eisenbahnen, spielen aber eine viel geringere Rolle, weil die Beträge verhältnismäßig klein sind und der Massenverkehr auch im Interesse der Wirtschaft eine größere Gleichmäßigkeit in der Tarifgestaltung erfordert.

Auch unter Berücksichtigung des Umstandes, daß sehr viel persönliche Arbeit zu leisten ist und die Maschinisierung erst in ganz geringem Umfange Platz gegriffen hat, sind die Personalausgaben sehr hoch. 1913 waren die Gehälter nur mit 50 %, die Ruhegehälter mit 5 % an den Betriebsausgaben beteiligt, der Anteil der Personalausgaben ist also erheblich gestiegen. Die günstigen Betriebsergebnisse sind erst in neuerer Zeit einer fühlbaren Verkehrszunahme zuzuschreiben, wirksamer war die Tariferhöhung, die am 1. Januar 1925 in Kraft getreten ist. Die Umstellung der Gebühren auf Pengő brachte keine wesentliche Änderung. In Gold gerechnet stehen die Tarife heute durchschnittlich 15—20 % über den Tarifen vor dem Kriege, im Ver-

[1]) Der Automobilbestand hat in den letzten Jahren allerdings eine bedeutende Steigerung erfahren:

Stand am	Personen-autos:	Omnibusse u. Lastautos:	Motorräder:	Summe:
Ende 1923	3 078	721	650	4 449
1924	4 027	968	970	5 965
1. Mai 1926	5 285	1 945	1 929	9 159
1. Jan. 1927	6 712	2 579	2 941	12 232
1. Juli 1927	7 860	3 058	3 985	14 903
davon in Budapest:				
1. Mai 1926	3 112	1 826	1 277	6 215
1. Juli 1927	4 906	1 842	2 666	9 414

Zudem betreiben die Staatsbahnen seit neuester Zeit eigene Automobillinien zur Güterbeförderung. Vgl. *M. Stat. Sz.* Juli 1927, S. 665 ff.

[2]) Der Binnenschiffahrtsverkehr dürfte in den nächsten Jahren eine bedeutende Belebung erfahren. Die Ungarische Fluß- und Seeschiffahrts A. G. schloß mit der Regierung ein Abkommen, durch das der Gesellschaft ab 1. Juli 1927 eine jährliche Unterstützung von 1,5 Mill. P. zugesichert wird und außerdem eine außerordentliche Zuwendung von 450 000 P. für den Fall, daß ein bestimmtes Mindestverkehrsprogramm zwischen Budapest und Wien abgewickelt wird. Außerdem trat mit Beginn der Schiffahrtssaison 1927 ein Pool zwischen den vier wichtigsten Donauschiffahrtsgesellschaften in Kraft, der den Ausbau des Verkehrs, technische Verbesserungen und größere Rentabilität ermöglichen soll.

[3]) 1804 Postämter, davon 724 auch Telegraphenämter, außerdem 381 Agenturen

Tabelle 11. Voranschlag für Post, Telegraph und Telephon.

Ausgaben	1924/25			1925/26			1926/27		
	Mill. GK.	%	% [1]	Mill. GK.	%	% [1]	Mill. GK.	%	% [1]
Gehälter	24,45	44,1	53,9	31,13	43,6	48,4	28,57	43,3	43,3
Ruhegehälter	5,54	10,0	12,2	8,60	12,1	13,4	8,22	12,4	12,4
Büroausgaben	2,22	4,0	4,9	5,10	7,1	7,9	6,96	10,6	10,6
Verschiedenes	0,69	1,3	1,5	1,29	1,2	2,0	3,98	6,0	6,0
Sonstige Betriebsausgaben	12,45	22,4	27,5	18,22	25,5	28,3	18,26	27,7	27,7
Summe d. Betriebsausgab.	45,35	81,8	100,0	64,34	90,2	100,0	65,99	100,0	100,0
Investitionen	10,10	18,2	—	7,00	9,8	—	—	—	—
Gesamtausgaben	55,45	100,0	—	71,34	100,0	—	65,99	100,0	—

Einnahmen	1924/25		1925/26		1926/27	
	Mill. GK.	%	Mill. GK.	%	Mill. GK.	%
Postverkehr	25,55	47,7	32,13	47,2	36,60	50,9
Telegraphenverkehr	6,79	12,5	6,45	9,5	4,83	6,7
Telephonverkehr	20,56	38,3	27,32	40,1	27,73	38,6
Verschiedenes	0,80	1,5	1,54	2,3	2,67	3,7
Gesamteinnahmen	53,70	100,0	68,12	100,0	71,83	100,0

[1]) In % der Betriebsausgaben.

kehre mit dem Auslande jedoch bedeutend höher. Eine weitere Tariferhöhung kann nicht als wirksames Mittel betrachtet werden, eine Einnahmensteigerung zu bringen. Generalkommissar Smith führt aus, daß eine Tarifherabsetzung nur möglich sei, wenn die Betriebskosten mittels Personalabbaues stärker herabgedrückt und die Pensionslast verringert werde, was auch für Erhöhung der Reineinnahmen gilt. Wir wollen einen anderen Gedanken als grundlegend bezeichnen: Kostenverminderung durch Rationalisierung sämtlicher notwendigen Tätigkeiten.[1])

Die staatlichen Eisenwerke (die Maschinen- und Lokomotivfabrik in Budapest und die Eisen- und Stahlgießerei in Diósgyőr) sind „Konkurrenzbetriebe"; die private Industrie wendet sich gegen diese Konkurrenz und besonders gegen die Aufnahme neuer Fabrikationszweige. In gewissem Sinne wurde diesen Wünschen Folge gegeben, indem die staatlichen Betriebe angewiesen wurden, nicht selbst herzustellen, was früher von der privaten Industrie bezogen worden. Ob das Weiterbestehen der staatlichen Eisenwerke wirtschaftlich gerecht-

[1]) Vgl. S. 27.

Voranschlag der staatlichen Eisenwerke. Tabelle 12.

Ausgaben	1924/25			1925/26			1926/27		
	Mill. GK.	%	% [1]	Mill. GK.	%	% [1]	Mill. GK.	%	% [1]
Beamtengehälter	1,87	8,1	8,5	2,30	6,2	7,2	2,29	8,4	8.9
Ruhegehälter	1,25	5,4	5,7	2,69	7,3	8,5	2,69	9,8	10,5
Arbeitslöhne / Andere Betriebsausgaben	18,67	80,6	85,0	26,47	71,6	83,3	20,34	74,3	79,3
Verschiedene Ausgaben	0,18	0,8	0,8	0,33	0,9	1,0	0,34	1,3	1,3
Summe d. Betriebsausgab.	21,97	94,9	100,0	31,79	86,0	100,0	25,66	93,8	100,0
Investitionen	1,00	4,3	—	4,70	12,6	—	0,35	1,3	—
Schuldendienst	0,20	0,8	—	0,46	1,2	—	1,07	3,9	—
Beitrag z. Betriebskapital	—	—	—	—	—	—	0,29	1,1	—
Gesamtausgaben	23,16	100,0	—	36,95	100,0	—	27,37	—	—

Einnahmen	1924/25		1925/26		1926/27	
	Mill. GK.	%	Mill. GK.	%	Mill. GK.	%
Betriebseinnahmen	19,44	99,4	31,85	99,4	26,94	98,8
Verschiedene Einnahmen	0,11	0,6	0,19	0,6	0,33	1,2
Gesamteinnahmen	19,55	100,0	32,04	100,0	27,26	100,0

[1] In % der Betriebsausgaben.

fertigt erscheint, kann noch nicht abschließend beurteilt werden, nach den bisherigen Ergebnissen ist es fraglich; ob die Umorganisierung[1] und die Kapitalinvestition zwecks technischer Verbesserungen Erfolg bringen, muß abgewartet werden. Der in den Voranschlägen (Tab. 12) erscheinende Fehlbetrag stellt zum größten Teil wirklichen Betriebsfehlbetrag dar und ist nicht — wie etwa bei den Eisenbahnen — auf Investitionen zurückzuführen. Sehr groß ist auch hier die Belastung mit Personalausgaben. Der Anteil der Beamten- und Ruhegehälter an den Gesamtausgaben ist gegenüber 1913 (6,45 %) stark gestiegen auf 13,5 %; die Zahl der Beamten betrug 1913: 1053, die Zahl der ständigen Arbeiter 20100; nach dem 10. Bericht (Seite 5) waren es noch 820 Beamte und 12648 ständige Arbeiter. Der Generalkommissar wies auch darauf hin, daß die Erzeugung über die Absatzmöglichkeit hinausgeht und darum große Lagerbestände angehäuft wurden, besonders in landwirtschaftlichen Maschinen und schmalspurigen Lokomotiven.

[1] Die Zentraldirektion der Königl. Ungarischen Staatlichen Eisenwerke, die Budapester Königl. Ungarische Staatliche Maschinenfabrik und die Diósgyőrer Königl. Ungarischen Staatlichen Eisen- und Stahlwerke wurden zusammengefaßt in die „Königl. Ungarischen Staatlichen Eisen-, Stahl- und Maschinenfabriken".

Dabei genießen diese Erzeugnisse den Ruf von Qualitätswaren. Schon 1923/24 konnte nicht die ganze Produktion abgesetzt werden. In der Folge wurde die Erzeugung weiter eingeschränkt, erst neuerdings zeigte sich eine fühlbare Besserung im Absatze. Bei der scharfen Konkurrenz im Inlande und Auslande wird nur bei äußerster Verbilligung der Erzeugung ein dauernder Absatz möglich sein.

Über Kapazität und Produktionsumfang in den wichtigsten Erzeugnissen unterrichten folgende Angaben[1]) (Tab. 13):

Tabelle 13.

	Kapazität	1920/21	1921/22	1922/23	1923/24	1924/25	1925/26
Lokomotiven . . . . . . Stück	350	34	100	68	68	31	47
Lokomobile . . . . . . „	500	48	197	172	192	67	85
Dreschmaschinen . . . . „	1 000	145	220	250	254	442	575
Elevatoren . . . . „	400	24	64	40	17	113	37
Motoren . . . . „	200	59	132	123	124	83	16
Eisenbrücken . . . . . . t	6 000	954	1 522	1 728	1 429	1 344	948
Stahlschienen . . . . . . „	}90 000	6 582	8 188	10 265	10 894	12 390	12 910
Schienenverbindungsmaterial „		1 469	1091	1 809	3 709	2 522	3 103
Lokomotivbeiwagen und Wagenachsen . . . . . „	.	28	521	523	636	105	725
Stahlguß . . . . „	9 500	1 797	2 187	3 024	2 514	1 584	2 940
Gewalztes Stabeisen und Behälter . . . . „	.	3 119	5 440	6 883	6 621	4 405	9 777
Kesselplatten . . . . . . „	.	88	1 389	3 698	2 814	1 354	1 243
Geschmiedete und gepreßte Waren . . . . „	9 000	1 938	1 162	1 756	1 834	2 209	3 465
Eisen- und Metallguß . . „	.	991	2 526	2 423	2 143	2 011	2 299
Braunkohle . . . . „	.	256 686	302 492	345 852	330 107	278 452	239 579
Bauziegel 1000	2 600	323	1 063	2 073	2 358	1 841	

Außenhandel.

In diesem Zusammenhange bringen wir nur die wichtigsten Angaben über Ungarns Außenhandel, deren Kenntnis unerläßlich ist für die Beurteilung des ungarischen Wirtschaftslebens im Hinblick auf die Sanierung.[2])

Schon bis Juni 1924 fielen alle Ausfuhrverbote weg; bis Schluß des Jahres wurden auch die Einfuhrverbote aufgehoben, an ihre Stelle traten die neuen Zollsätze und am 1. Januar 1925 trat das neue Zoll-

---

[1]) Nach *Wirtschaftsbericht der Geldinstituts-Zentrale* 1927, Nr. 1.

[2]) Zu den Angaben vergleiche: *Ungarische Statistische Monatshefte* und: *Magyar Statisztikai Szemle.* Von den zahlreichen Veröffentlichungen besonders die des Statistischen Reichsamts Berlin: *Die Wirtschaft des Auslandes Ende 1926* und die *Wirtschaftsberichte der Geldinstituts-Zentrale* Budapest, außerdem die Berichte der Budapester Handelskammer *Ungarns Handel und Industrie im Jahre . . .* (1924, 1925, 1926).

tarifgesetz (G.A. XXI: 29. Juli 1924) vollständig in Kraft.[1]) Diese rasche Befreiung des Verkehrs von den stärksten Fesseln führte zu sprunghafter Belebung des Außenhandels, der noch gefördert wurde durch den steigenden Kronenwert und die Kreditwilligkeit der ausländischen Lieferanten. Beeinflußt wurde die Entwicklung durch die schwache Getreideernte des Jahres 1924, die eine vorübergehende Außerkraftsetzung des Weizen- und Roggenzolls sowie eine Ermäßigung des Mehlzolls zur Folge hatte.

Ungarns Außenhandel.[2]) Tabelle 14.

	Einfuhr		Ausfuhr		Mehreinfuhr	
	Mill. P.	Änderung gegen das Vorjahr in %	Mill. P.	Änderung gegen das Vorjahr in %	Mill. P.	Änderung gegen das Vorjahr in %
1920	484,1	—	190,6	—	293,5	—
1921	604,0	+ 24,8	294,6	+ 54,6	309,4	+ 5,4
1922	625,7	+ 3,6	382,9	+ 30,0	242,8	— 21,5
1923	490,7	— 21,6	392,2	+ 2,4	98,5	— 59,4
1924	815,3	+ 66,2	667,0	+ 70,1	148,3	+ 50,6
1925	858,0	+ 5,2	812,1	+ 21,8	45,9	— 69,0
1926	952,0	+ 11,0	869,7	+ 7,1	82,3	+ 79,3

Nach der neuen Regelung war die Verbindung mit dem Weltmarkte wieder hergestellt, allerdings unter hemmender Einwirkung der Zölle. Dies beeinflußte auch die Preise: im allgemeinen wirkte die Freigabe des Außenverkehrs preissteigernd für landwirtschaftliche Erzeugnisse (vorübergehend), preissenkend für Industrieprodukte, doch müssen die Kurswertänderungen der Krone mitberücksichtigt werden. Aus dieser Entwicklung in der ersten Zeit darf man jedoch nicht schließen, daß der Zollschutz nicht verteuernd wirke; es waren Ursachen am Werke, die den Zollschutz nicht voll zur Geltung kommen ließen: die Krisenlage zwang die Unternehmungen in den Nachbarstaaten vielfach zu Schleuderverkäufen und Schleuderausfuhr.

Die Gliederung des Außenhandels nach Ländern zeigt, mit welchen Ländern Ungarn besonders enge Handels- und Wirtschaftsbeziehungen unterhält. (Tab. 15.)

In der Einfuhr aus den industriell weiter entwickelten Ländern (Österreich, Tschechoslowakei und Deutschland) überwiegen Industrieartikel (Textilien, Papierwaren, Maschinen) und Kohle; in der Ausfuhr

[1]) Zölle und Zollzuschläge sind in GK. festgesetzt, können aber in gesetzlichen Zahlungsmitteln entrichtet werden; für die Umrechnung wird der Zollmultiplikator eigens bestimmt (§ 8): bis 1. Januar 1925 betrug er 17000, wurde dann aber dem steigenden Kronenkurse angepaßt: 1. Januar 1925: 15100, 15. Jan. 1925: 14900, 1. Februar 14800, 15. März 14700, 15. Mai 1925 14500.

[2]) Dazu monatliche Angaben in der Schlußtabelle.

Außenhandel nach Ländern.

Tabelle 15. **Einfuhr.**

	in Millionen Pengő			in Prozent		
	1924	1925	1926	1924	1925	1926
Tschechoslowakei . . .	204,8	212,7	222,7	25,16	24,82	23,43
Österreich.	188,8	193,4	188,7	23,19	22,57	19,84
Deutschland.	102,0	128,7	157,6	12,53	15,02	16,57
Rumänien.	63,7	69,6	77,1	7,83	8,12	8,11
Jugoslawien.	32,8	28,8	33,3	4,03	3,36	3,51
Polen.	45,0	42,3	48,5	5,53	4,93	5,10
Italien	34,1	39,2	43,9	4,19	4,57	4,62
Schweiz.	30,7	29,4	37,6	3,77	3,43	3,96
Großbritannien	17,7	27,4	23,9	2,18	3,19	2,51
Frankreich	13,1	15,2	26,5	1,61	1,77	2,79
Ausfuhr.						
Tschechoslowakei . . .	160,3	195,5	173,3	24,06	24,11	19,96
Österreich.	242,8	271,9	319,1	36,45	33,52	36,73
Deutschland.	52,6	80,4	112,0	7,90	9,92	12,90
Rumänien.	35,1	32,5	34,4	5,28	4,01	3,96
Jugoslawien.	38,8	63,3	47,4	5,82	7,81	5,46
Polen.	17,2	38,5	14,3	2,58	4,75	1,64
Italien	24,1	32,5	57,9	3,62	4,00	6,66
Schweiz.	13,5	18,1	27,1	2,02	2,24	3,12
Großbritannien	10,9	10,2	12,6	1,64	1,25	1,45
Frankreich	2,5	4,4	5,2	0,38	0,54	0,59

dorthin sind fast ausschließlich Mehl, Getreide, Vieh und andere Erzeugnisse der Landwirtschaft vertreten. Umgekehrt liegt es beim Verkehr mit Rumänien und Jugoslawien: aus diesen Ländern bezieht Ungarn Rohstoffe (Holz, Erze, Mineralöl usw.), und führt dorthin vornehmlich Industrieerzeugnisse aus (Maschinen, Eisenwaren, Zucker usw.). Diese Gestaltung ergibt sich aus der wirtschaftlichen Struktur dieser Länder.

Eine Übersicht über den Außenhandel nach Warengruppen (Tab. 16) zeigt die Struktur Ungarns und die Strukturwandlungen der neuesten Zeit. Am bedeutendsten ist der Rückgang in der Ausfuhr von Erzeugnissen der landwirtschaftlichen Industrie (Mühlenindustrie) zugunsten der landwirtschaftlichen Urprodukte und die Abnahme der Textileinfuhr infolge des Erstarkens der Textilindustrie in Ungarn.

Die Grundlinie der ungarischen Wirtschafts- und vor allem der Außenhandelspolitik blieb nach dem Kriege dieselbe wie früher: Schutz und Förderung für die heimische Industrieentwicklung. Wie andere Nachfolgestaaten sperrte sich Ungarn nach dem Kriege zunächst ab durch ein Verbots- und Bewilligungssystem verbunden mit Warenaustauschübereinkommen und Kontingentverträgen. Überindustrialisierung war die Folge, einerseits weil viele Industrien auf ein größeres Absatzgebiet eingestellt waren (in Ungarn Mühlenindustrie, Erzeugung landwirtschaftlicher Maschinen, teilweise Elektroindustrie), anderseits, weil neue Industriezweige (Textilindustrie) sehr entwickelt wurden. Die Inflation förderte diese Entwicklung. Der neue autonome Zolltarif hatte ausgesprochen schutzzöllnerischen Charakter, der durch die neuen Tarifverträge allerdings etwas gemildert wurde. Für die entwicklungsfähige Textilindustrie und die Lederindustrie kann man Erziehungszölle als berechtigt ansehen, die Eisen- und Papierindustrie jedoch dürften demgegenüber kaum je mit den rohstoffnahen Unternehmungen in den Nachbarländern konkurrieren können. Daß heimischer Bedarf noch aus dem Auslande gedeckt wird, gibt keine wirtschaftliche Begründung der Schutzzölle. Hinsichtlich der Passivität der Zahlungsbilanz aber muß gefragt werden, ob sie nicht mit geringeren Opfern vermindert werden könnte durch Steigerung und Vermehrung der Aktivposten als durch Herabdrückung der Passivposten. Solche entwicklungsfähige Aktivposten stellen die Landwirtschaft und die auf ihr begründete Industrie dar; ferner sind die Möglichkeiten des Durchgangshandels und Veredelungsverkehrs noch nicht erschöpft, der Ausbau des Budapester Donauhafens auf Csepel wird ihnen zugute kommen.

Der Bericht des Finanzkomitees des Völkerbundes befaßte sich sehr eingehend mit der ungarischen Wirtschaftspolitik und Ungarn mußte sich im Artikel III des zweiten Sanierungsprotokolls verpflichten, den Empfehlungen[1]) Rechnung zu tragen. Hinsichtlich der Verbote geschah dies auch restlos; im übrigen wird man den Empfehlungen nur mit Einschränkungen zustimmen können.

Von den bis jetzt abgeschlossenen Handelsverträgen[2]) haben für Ungarn überragende Bedeutung die Tarifverträge mit Österreich

---

[1]) Aus dem Bericht des Finanzkomitees vom 20. Dezember 1923, Teil IX: „1. Es ist unerläßlich, daß Handelsverträge zum freieren Warenaustausche zwischen Ungarn und seinen Nachbarn abgeschlossen werden. Der Abschluß dieser Verträge ist einerseits das Ergebnis der allgemein-politischen Beziehungen, andererseits der besonderen Wirtschaftspolitik der verschiedenen Länder. Er hängt teils von Ungarn selbst und teils von seinen Nachbarn ab; der Völkerbund wird vielleicht auf diesem Gebiete einen nützlichen Einfluß ausüben können. — 2. Es ist für Ungarn von allergrößter Bedeutung, daß es auf die denkbar günstigste Weise erzeugt und Märkte für die durch seine Hilfsquellen und seine natürlichen Reichtümer gegebenen Erzeugnisse findet. Jede Bemühung seinerseits, seine Hilfsmittel an Arbeitskraft und Kapital auf die Erzeugung von Waren zu verwenden, die es sich im Auslande billiger verschaffen könnte, jede Vernachlässigung von Erzeugnissen, die es billiger als andere Länder bieten kann, wird vom wirtschaftlichen Standpunkte aus einen reinen Verlust zur Folge haben." Dann weist der Bericht auf die landwirtschaftliche Erzeugung und die landwirtschaftliche Industrie einerseits hin, andererseits auf die Erzeugung, für die die nötigen Hilfsquellen fehlen (Textilindustrie!). In Punkt 3 und 4 setzt sich der Bericht für die Aufhebung der Ein- und Ausfuhrbeschränkungen und der Devisenzentrale ein. Vgl. *Reconstruction financière de la Hongrie*, Völkerbund Genf.

[2]) Vgl. *Ungarisches Wirtschaftsjahrbuch 1926*, Seite 115—140.

(abgeschlossen 9. April 1926, in Kraft getreten gleichzeitig mit dem Veterinärabkommen am 14. August 1926) und mit der Tschechoslowakei (abgeschlossen 31. Mai 1927, in Kraft seit 8. Aug. 1927). Beinahe die Hälfte der Einfuhr stammt aus diesen beiden Staaten, mehr als die Hälfte der Ausfuhr geht dorthin. Die Verhandlungen waren äußerst langwierig und gestalteten sich mit der Tschechoslowakei besonders schwierig nach Inkrafttreten des neuen tschechoslowakischen Zollgesetzes (Gesetz vom 22. Juni, in Kraft seit 14. Juli 1926), das sehr hohe autonome Zölle brachte und für verschiedene Agrarerzeugnisse hohe Mindestzölle festlegte. Sehr wenig befriedigte der Vertrag mit Frankreich (abgeschlossen 13. Oktober 1925, in Kraft getreten 21. Februar 1926), da Frankreich zahlreiche Zollermäßigungen zugestanden worden waren, die weniger Frankreich als vielmehr auf Grund der Meistbegünstigung anderen Ländern zugute kamen. Die Verhandlungen zur Abänderung dieses Vertrages konnten schon am 18. Dezember 1926 mit Erfolg abgeschlossen werden. Gegenüber diesen 3 Verträgen treten die Tarifverträge mit Polen (abgeschlossen 26. März, in Kraft seit 14. September 1925), Italien (abgeschlossen 20. Juli, in Kraft seit 27. Dezember 1925) und Spanien (abgeschlossen 17. Juni 1925, in Kraft seit 18. April 1926) an Bedeutung zurück. Außer diesen Tarifverträgen stehen noch 16 Meistbegünstigungsverträge in Kraft.

Im folgenden betrachten wir kurz die Beziehungen zwischen Außenhandel und Sanierung, im besonderen die Beziehungen zwischen Zahlungsbilanz einerseits und Wirtschaft, Staatshaushalt und Valuta andererseits. Wir setzen voraus, daß die Notenbank die Valutastabilisierung als oberstes Ziel verfolgt, d. h. die Stabilerhaltung des Geldwertes gegenüber der Währungsgrundlage, wobei diese mit der Währungsgrundlage anderer Länder übereinstimmt.

Die Entwicklung des Außenhandels läßt nur in begrenztem Maße erkennen, ob das Wirtschaftsleben eines Landes reger geworden oder abgeflaut ist; sie zeigt im einzelnen, für welche Waren das Land Absatzmöglichkeit bietet und was für Waren es selbst wiederum liefert. Solche Angaben lassen Schlüsse zu auf die wirtschaftliche Struktur eines Landes und können im einzelnen auf Gewinn- und Erwerbsmöglichkeiten hinweisen, wobei aber immer die Bedingungen für den Außenhandel (Zollbestimmungen und dergleichen) mitberücksichtigt werden müssen. Um ein Urteil über den „Gesundheitszustand" der Wirtschaft und ihre Entwicklungsmöglichkeiten gewinnen zu können, müssen neben den Angaben über den Außenhandel zahlreiche andere berücksichtigt werden. Ganz dasselbe gilt von der Zahlungsbilanz in der Beziehung zur Wirtschaft, ob wir nun die Zahlungsbilanz auffassen als Gegenüberstellung der in einem Zeitraume tatsächlich getätigten wechselseitigen Leistungen (und Gegenleistungen) des Inlandes und Auslandes, ausgedrückt in Geld, oder als Gegenüberstellung der wechselseitigen Zahlungsverpflichtungen und Zahlungsforderungen zu einem bestimmten Zeitpunkte. Wir kommen zu dem Schlusse, daß Handels- und Zahlungsbilanz weder für sich noch in ihrer Entwicklung einen zwingenden Schluß auf den Zustand der Wirtschaft eines Landes zulassen. Aus der Art der Einzelposten und ihrer Entwicklung können wir Folgerungen ziehen hinsichtlich der Wirtschaftsstruktur des Landes und auf die mehr oder weniger lebhafte Wirtschaftstätigkeit einzelner Zweige, nicht auf den „Gesundheitszustand" der Wirtschaft überhaupt. Nur ein Teil der Wirtschaftstätigkeit findet seinen Niederschlag in der Zahlungsbilanz.

Zwischen Staatshaushalt und Zahlungsbilanz besteht eine Beziehung nur insofern, als auch der Fiskus Auslandsverbindlichkeiten zu erfüllen hat; der Unterschied gegenüber Verpflichtungen privater Einzelwirtschaften liegt nur darin, daß der Fiskus (in der Regel) die hierzu benötigten Summen in anderer Weise aufbringt als die private Einzelwirtschaft; dieser Unterschied ist jedoch unwesentlich. Die staatlichen Auslandsverbindlichkeiten lasten letztlich auf der Wirtschaft, ihre Höhe gewinnt in der Finanzpolitik Bedeutung. Daß der Staat in der Finanz- und Außenhandelspolitik sich berechtigter oder unberechtigter Weise durch Erscheinungen und Einzelheiten der Zahlungsbilanz leiten läßt (Erschwerung der Einfuhr von Luxuswaren und dergleichen), kommt hier nicht in Betracht.

Die Beziehungen zwischen Zahlungsbilanz und Valuta werden am meisten besprochen und umstritten. Die Tatsache, daß Zahlungen an das Ausland geleistet werden und aus dem Auslande eingehen, führt erst zur Erscheinung der Wechselkurse. Die Wirkungen des gegenseitigen Verhältnisses der wechselseitigen Zahlungen oder Zahlungsverbindlichkeiten auf die Wechselkurse werden häufig nicht richtig erkannt und falsch beurteilt. Dies kommt von der Unklarheit hinsichtlich des Begriffes „Zahlungsbilanz", wenn man von der Einwirkung des „Standes der Zahlungsbilanz" auf die Wechselkurse spricht, und davon, daß man die Weiterwirkungen einer Wechselkursänderung nicht hinreichend verfolgt. Dies hat unklare und falsche Schlußfolgerungen zur Folge.

Die Wechselkurse stellen die Preise für Kaufkraft in Form von Geld (hier ganz allgemein für „Zahlungsmittel") anderer Währungen dar, die Geldeinheit stellt die abstrakte Kaufkrafteinheit gegenüber der Währungsgrundlage (der „Wareneinheit der Währungsgrundlage") dar. Die Kaufkraft der Kaufkrafteinheit (der Geldeinheit) gegenüber anderen Wareneinheiten als der Währungsgrundlage ist lokal verschieden; diese Verschiedenheit führt zu Austausch. Bei Austausch über Staatsgrenzen, bei Außenhandel, werden ausländische Zahlungsmittel erforderlich, der Preis für diese Kaufkraft in Form ausländischer Zahlungsmittel, also der Wechselkurs in einem bestimmten Zeitpunkte, richtet sich zunächst grundsätzlich nach der Parität, d. h. nach dem Verhältnis der Kaufkrafteinheiten zu der gleichartigen Wareneinheit der Währungsgrundlage; Abweichungen von der Parität ergeben sich aus einer in einem bestimmten Zeitpunkte verschiedenen Größe des Angebotes und der Nachfrage, hervorgerufen durch die verschieden hohe Wertschätzung des Geldes, die zurückgeht auf ungleiche Verschiebungen der Kaufkraft der Geldeinheit in den verschiedenen Ländern gegenüber bestimmten Wareneinheiten. Der Wechselkurs wird also beeinflußt durch die gegenseitigen Erfordernisse und Bestände an ausländischen Zahlungsmitteln für Zahlungen in einem bestimmten Zeitpunkte, soweit hierzu ein Geldwechseln (Umtausch von Zahlungsmitteln, die auf Geldeinheiten verschiedener Währungen lauten) nötig ist. Die Vorsorge („Eindeckung") für künftige Zahlungen wirkt in gleicher Weise ein wie das Erfordernis für Zahlungen, die sofort zu tätigen sind. Die Abweichung der Wechselkurse von der Parität richtet sich also nach der „Zahlungenbilanz" eines Landes, die wir fassen als die Gegenüberstellung der gegenseitigen Erfordernisse an Zahlungsmitteln für Zahlungen in einem bestimmten Zeitpunkte (ob es sich nun um Abdeckung gleichzeitig fälliger Verbindlichkeiten oder um Eindeckung für künftige Fälligkeiten handelt), soweit zur Befriedigung der Erfordernisse ein Geldwechseln nötig ist. Übersteigen die Passiva (Erfordernisse für Zahlungen des Inlandes an das Ausland) die Aktiva (Erfordernisse für Zahlungen des Auslandes an das Inland) der Zahlungenbilanz, so steigt der Wechselkurs und umgekehrt.

Das Wort „Bilanz" wird in diesem Zusammenhange vielfach mißverständlich angewendet. Ausgehend von der Bedeutung in der Betriebswirtschaftslehre können wir als Bilanz nur eine Gegenüberstellung aktiver und passiver Bestände zu einem bestimmten Zeitpunkte auffassen. Aus dem Vergleich des Bestandes zu verschiedenen Zeitpunkten läßt sich die Bewegung ermitteln. Diese Bewegung wird gleichzeitig erfaßt durch das Gewinn- und Verlustkonto, das über die aktiven und passiven Leistungen in einem bestimmten Zeitraume Auskunft gibt. Entsprechend wie hier die Beziehungen eines Betriebes in zwei Aufstellungen dargestellt werden, so können wir die Beziehungen einer Volkswirtschaft zu anderen Volkswirtschaften darstellen: es handelt sich um die Forderungen- und Verpflichtungenbilanz zu einem bestimmten Zeitpunkte und um den Leistungenabschluß für einen bestimmten Zeitraum. In der Literatur wird bald das eine, bald das andere, oft ein Gemisch aus beiden und manchmal ein Teil daraus als „Zahlungsbilanz" bezeichnet. Man vergleiche nur einige Begriffsbestimmungen zur Zahlungsbilanz und man wird aus der großen Verschiedenheit die Unklarheit erkennen, die hier besteht. Als Zahlungsbilanz bezeichnet PHILIPPOVICH (*Grundriß* I, S. 294) „Das jeweilige Verhältnis, das zwischen den zur Zeit bestehenden Zahlungsverpflichtungen und Zahlungsforderungen des Inlandes an das Ausland besteht". Anders das Institut für Konjunktur-

forschung, Berlin, (*Vierteljahrshefte zur Konjunkturforschung* 1926, Ergänzungsheft 2) „Die Zahlungsbilanz eines Landes stellt zusammen, welche Schulden und Forderungen gegenüber dem Auslande in einem bestimmten Zeitraume begründet worden sind. Sie erfaßt demnach die Bewegung dieser Verpflichtungen, nicht den Bestand". Wegen dieser Begriffsunklarheit kann man auch nicht einfach sagen, daß die Zahlungsbilanz auf den Wechselkurs einwirkt. Nur Geldleistungen, die zum Geldwechseln führen, sind kurswirksam.

Wir haben der Zahlungenbilanz einen Einfluß auf den Wechselkurs zugesprochen. Das Maß dieses Einflusses richtet sich nach den bei einer Änderung wirksam werdenden Gegenwirkungen. Ohne weiteres tritt eine Verschiebung des Verhältnisses zwischen Auslands- und Inlandspreisen ein, die Warenausfuhr wird angeregt, die Einfuhr gehemmt. Nun handelt es sich hinsichtlich der Zahlungenbilanz stets um die Wirtschaftstätigkeit und Verbindlichkeiten von Einzelwirtschaften — der Fiskus muß auf die Einzelwirtschaften zurückgreifen, dies ändert also grundsätzlich nichts. Die Einzelwirtschaft hat zur Deckung von Auslandsverbindlichkeiten inländische oder unmittelbar ausländische Zahlungsmittel zu beschaffen durch Waren- oder Wertpapierverkauf oder durch Kreditnahme. Erlangt eine Einzelwirtschaft ausländische Zahlungsmittel unmittelbar durch Waren- oder Wertpapierausfuhr, so bleibt die Zahlung der Schuld ohne Einwirkung auf den Wechselkurs. Eine Kreditnahme im Auslande zögert die Entscheidung nur hinaus. Erhält die Einzelwirtschaft durch Warenverkauf zunächst inländische Zahlungsmittel, so wirkt das erhöhte Erfordernis zur Umwechslung in ausländische Zahlungsmittel kurssteigernd, löst damit nun sogleich die Gegenwirkungen aus: verminderte Wareneinfuhr, erhöhte Warenausfuhr und Kreditgewährungen von seiten des Auslandes. Ob die Einzelwirtschaft die Mittel zur Erlangung ausländischer Zahlungsmittel aus Warenverkauf oder durch Kreditnahme erstrebt, richtet sich nach den vergleichsweise niedrigeren Kosten: sind die Kreditkosten geringer als der vom Durchhalten der Ware erwartete Gewinn, so wird Kredit genommen; ist der voraussichtliche Mehrerlös, auf den bei Warenverkauf jetzt verzichtet wird, geringer als die Kreditkosten, so werden die Waren auch zu herabgesetzten Preisen verkauft. Sind Waren nicht zu verkaufen, so erfolgt Kreditnahme um jeden Preis oder der Schuldner erzwingt Zahlungsstundung vom Auslandsgläubiger oder es kommt zum Bankrott der Einzelwirtschaft. So muß jedenfalls die Zahlungenbilanz ausgeglichen werden.

Das mögliche Ausmaß der Wechselkursänderung ist verschieden, je nachdem die Notenbank jederzeit bedingungslos gegen ihre Noten im festgesetzten Verhältnis Deckungsreserven, die zur Erfüllung von Zahlungsverpflichtungen im Auslande geeignet sind (praktisch Gold oder Golddevisen), abgibt oder nicht. Im ersten Falle sind die Wechselkursschwankungen fest begrenzt. Tauscht die Notenbank ihre Noten nicht gegen Deckungsreserven im bestimmten Verhältnisse ein, so sind größere Schwankungen der Wechselkurse möglich, sie müssen aber begrenzt bleiben, wenn die Notenbank ihre Kreditgewährung nach der Gestaltung der Wechselkurse richtet und so die letztlich entscheidende Gegenwirkung fördert (gesteigerte Warenausfuhr und verminderte Wareneinfuhr bringen erhöhte Zahlungen des Auslandes, geringere an das Ausland), so daß die Zahlungenbilanz wieder weniger passiv oder sogar aktiv wird. Ist die Erlangung inländischer Zahlungsmittel durch Kreditnahme unbegrenzt möglich, so sind der Wechselkurssteigerung keine Schranken gesetzt, die Durchführung des Umtauschprinzips muß unmöglich werden: wir haben den Fall einer Papiergeld- oder aber Kreditinflation. Wechselkursänderungen als Folge des Standes der Zahlungenbilanz sind also nur in engen Grenzen möglich, weil die Wechselkursänderung Erscheinungen verursacht, die Änderungen in der Zahlungenbilanz bewirken und entgegengesetzte Wechselkursänderungen hervorrufen. Die selbsttätige Regulierung wird unmöglich gemacht durch Papiergeld- oder Kreditinflation, da diese verhindern, daß Gegenwirkungen gegen die Wechselkursänderung zur Geltung kommen.

Nach all dem kommen wir zu dem Schlusse, daß die Gestaltung der Zahlungenbilanz die Valutastabilisierung nicht verhindern kann, eine bestimmte Gestaltung nicht Voraussetzung einer Valutastabilisierung sein kann. Bei entsprechender Kreditpolitik der Notenbank (wir sprechen zur Vereinfachung immer von einer Notenbank eines Landes) — wären keine sogenannten Kreditzahlungsmittel im Umlaufe, so würde das Problem gar nicht auftauchen — entwickeln sich Forderungen und Verpflichtungenbilanz und Leistungenabschluß so, daß die Zahlungenbilanz, deren Gestaltung allein unmittelbar auf den Wechselkurs einwirkt, sich so gestaltet, daß sie Gegenwirkungen gegen eine erfolgte Wechselkursänderung auslöst. Abweichungen vom Ausgangskurse, von der Parität, sind nur vorübergehend und in engen Grenzen möglich. Erreichung und Erhaltung der Valutastabilität ist möglich, wenn und solange die Notenbank durch entsprechende Kreditpolitik Inflation bzw. Deflation verhindert.

Die Zerschlagung des großen Wirtschaftsgebietes der Donaumonarchie brachte Schwierigkeiten mit sich, die in den verschiedensten Formen den Gedanken eines wirtschaftlichen Zusammenschlusses der Nachfolgestaaten aufkommen ließen. Wir wollen die Bestrebungen hier streifen, weil gerade die Schwierigkeiten im gegenseitigen Warenaustausche die Besprechung solcher Fragen am meisten veranlassen. Im *Weltwirtschaftlichen Archiv* (Januar 1925, Seite 135—151) weist Elemér HANTOS darauf hin, daß zahlreiche Elemente der Unwirtschaftlichkeit in dieser Mehrzahl kleiner Staaten vorhanden sind, in der Staatswirtschaft, in der Weltwirtschaft (er versteht darunter den Außenverkehr), in der Verkehrswirtschaft und in der Geldwirtschaft. Unleugbar bindet diese Zersplitterung Kräfte. Die Pläne, die hier auftauchen und Abhilfe bringen wollen, lassen durchweg die Unabhängigkeit und Souveränität der Staaten unangetastet, daran zu rühren kann man nicht wagen. Die Vorschläge bewegen sich hauptsächlich in drei Richtungen: Verkehrsgemeinschaft und zwar Betriebsgemeinschaft für Eisenbahnen und Donauschiffahrt[1]); Währungsgemeinschaft als Münzunion mit enger Zusammenarbeit der Notenbanken[2]); Zoll- und Wirtschaftsbündnis unter den Nachfolgestaaten mit Schaffung eines großen geschlossenen Wirtschaftsgebietes durch ein System von Vorzugszöllen.[3]) Bei allen Vorschlägen wird den rein politischen Erwägungen, die die gesamte Wirtschaftspolitik beeinflussen, auf den wirtschaftlichen Zusammenschluß aber besonders hemmend wirken, viel zu wenig Beachtung geschenkt. Außerdem haben sich in der Zwischenzeit auch wirtschaftliche Interessen herausgebildet, die sich gegen einen solchen Zusammenschluß sträuben. Daher der Gedanke, die privaten Wirtschaften durch zwischenstaatliche Interessengemeinschaften enger zu verbinden und so den wirtschaftlichen Zusammenschluß vorzubereiten: bei der Dividende anfangen Wirtschaftspolitik zu betreiben.

Sanierungskrise und Erholung.[4])

Nach der Valutastabilisierung machte Ungarn eine heftige Wirtschaftskrise durch, die gegen Ende der Sanierungsperiode in einen Tiefstand ausmündete. Etwa seit Mitte 1926 setzte sich eine deutliche Erholung durch, die bis Mitte 1927 noch keine Unterbrechung erfahren hat.

---

[1]) Sigmund Solvis,— *Neue Freie Presse* (Wien), 15. Januar 1925.
Walker de Hines,— *Rapport relatif à la navigation sur le Danube*, bs. Seite 60—66, Völkerbund, Genf.

[2]) Elemér Hantos,— *Das Geldproblem in Mitteleuropa*, Jena 1925.

[3]) Elemér Hantos,— *Die Handelspolitik in Mitteleuropa*, Jena 1925.

[4]) Aus Raumgründen müssen wir uns bei der folgenden Darstellung der Wirtschaftsentwicklung in Ungarn seit 1924 kurz fassen und verweisen zur näheren Unterrichtung auf die *Wirtschaftsberichte der Geldinstituts-Zentrale*, die Jahresberichte der Handels- und Gewerbekammer Budapest, das *Ungarische Wirtschaftsjahrbuch* 1925, 1926 und 1927; zahlreiche Einzelerörterungen finden sich jeweils im *Pester Lloyd* und in *Magyar Statisztikai Szemle*. Dort sind nähere Ausführungen zu finden über einzelne landwirtschaftliche Fragen und die wichtigsten Industriezweige. Alle wichtigen Zahlen zur Wirtschaftsentwicklung in Ungarn seit Beginn der Sanierung geben wir in der Schlußtabelle. Für alle folgenden Angaben verweisen wir auf die dort gebrachten Zahlen. Vgl. auch Tabelle 1 (Lage der Ung. Nationalbank) S. 16.

Die Krise brachte starkes Anwachsen der Arbeitslosigkeit, rasches Emporschnellen der Zahl der Konkurse und Zwangsausgleichsverfahren[1]), Stockung im Warenumsatz, die sich ausprägte in einem geringeren Güterverkehr und einer beträchtlichen Preissenkung seit Ende 1924. Diese Preissenkung war allerdings mitbedingt durch die Preisentwicklung auf dem Weltmarkte. Am schärfsten und deutlichsten kam die Krise zur Geltung auf dem Geld- und Kapitalmarkte. Die Zinssätze erreichten eine ganz außerordentliche Höhe. Die Ursache der hohen Zinssätze — die Einrechnung einer Geldwert-Risikoprämie konnte sehr bald wegfallen — lag in dem großen Kapitalmangel, der sich nun fühlbar machte, nachdem die Quelle der Inflation verstopft war und die Nationalbank nur sehr vorsichtig Kredit gewährte. Die Unternehmungen saßen auf Warenvorräten, „Sachwerten", die nicht flüssig gemacht werden konnten; die alten Spareinlagen hatte die Inflation aufgezehrt; ausländisches Kapital stand nicht zur Verfügung, nur ganz allmählich konnten die Großbanken ausländisches Geld für kurze Fristen erhalten. Der billigere Kredit bei der Nationalbank blieb nur ersten Händen zugänglich, da die Nationalbank im Interesse der Valutastabilität eine strenge Zensur ausübte. Zu Beginn der Sanierungsperiode im Sommer 1924 mußten auch erste Hände noch 20 bis 25 % Zinsen bezahlen, und erst im Frühjahre 1925 trat eine fühlbare Entspannung ein, so daß die Zinssätze sanken und erstklassige Firmen für 15 bis 17 % Geld erhalten konnten. Die Zinssätze gingen in der Folge allmählich weiter zurück, so daß beste Wechsel Ende 1925 für 9—10 %, Ende 1926 für 6¾—7¼% Unterkunft fanden. Die Verflüssigung am Geldmarkte hielt auch Anfang 1927 noch an,

[1]) Das Zwangsausgleichsverfahren außerhalb des Konkurses besteht schon seit 1915: der Schuldner bietet den Gläubigern, die vom Gerichte einberufen werden, eine bestimmte Quote, die in einer bestimmten Zeit zahlbar ist; stimmen die Gläubiger, die zusammen wenigstens zwei Drittel der Gesamtschulden vertreten, dem Ausgleiche zu, so gilt dieser als neue Schuldgrundlage, der Schuldner führt das Geschäft unter gerichtlicher Aufsicht weiter. Ende März 1925 wurde durch Verordnung des Finanzministers die besondere Regelung getroffen, daß die Ausgleichsquote nie 25 % unterschreiten darf und wenn sie unter 40 % liegt, der Schuldner seinem Ansuchen um Eröffnung des Zwangsausgleichsverfahrens bei Gericht die schriftliche Zustimmung von Gläubigern beizubringen hat, die wenigstens die Hälfte der Gesamtschulden vertreten. Die Ausgleichsfrist soll im allgemeinen 2 Jahre nicht überschreiten. Am 5. März 1926 trat die Verordnung in Kraft, nach der der Privatvergleich obligatorisch wurde; der Landeskreditschutzverein (O. H. E.) vermittelt den Vergleich, der für alle zwingend ist, wenn 75 % der Forderungen zustimmen. Der langsamere und weniger sachkundige gerichtliche Ausgleich ist seither viel seltener geworden. Die Verordnung vom 20. März 1927 brachte verschiedene Verbesserungen, die raschere Abwicklung ermöglichen und die Vermögenskontrolle über den Schuldner durch die O. H. E. unterstützen. Der Privatausgleich wird schon zwingend, wenn 75 % der angemeldeten Forderungen zustimmen. Im Juni wurde auch eine Erhöhung der Minimalquote für den Ausgleich auf 50 % erreicht.

so daß im Juni sogar große Beträge aus der Budapester Stadtanleihe zu kurzfristiger Anlage nach Berlin geflossen sein sollen. Dabei waren die Zinsfußermäßigungen der Nationalbank und der Geldinstituts-Zentrale viel weniger wirksam, als man erwartet hatte, weil der Kreis der unmittelbaren Wechseleinreicher beschränkt und die Zensur aufrecht erhalten blieb; eine Lockerung erfolgte erst seit Mitte 1926. Die Kreditnot zeigte sich besonders drückend in der Provinz, in der Hauptstadt machte sich der Einfluß der Nationalbank und der Geldinstituts-Zentrale mehr geltend, die auch auf Ermäßigung der Zinssätze hinwirkten. In der Provinz zeigte sich eine förmliche Jagd nach Spareinlagen, denn Aktivzinsen von 40 bis 50 und mehr Prozent gestatteten eine hohe Einlagenverzinsung. Im Frühjahr 1925 trat auch in der Provinz eine Entspannung ein, die Zinssätze bewegten sich aber immer noch in einer Höhe von 20 bis 35 % und selbst gute Provinzwechsel wurden bei hauptstädtischen Banken nur zu 14 bis 17 % (noch im Mai 16,5 bis 22 %) rediskontiert, als die Geldflüssigkeit zu Beginn des Monats Juni schon sehr groß war. Die Einflußnahme der Nationalbank für Senkung der Zinssätze in der Provinz — sie drohte den widerstrebenden Geldinstituten sogar mit Abbruch der Geschäftsbeziehungen — konnte solange kaum zur Geltung kommen, als nicht hinlänglich Kapital zur Verfügung stand. Erst das Jahr 1926 brachte da für die Provinz eine fühlbare Besserung, als ausländisches Kapital in größerem Umfange in Ungarn Anlage fand. Langfristiger Kredit war in der ersten Zeit zu annehmbaren Bedingungen überhaupt nicht erhältlich. Erst 1926 änderte sich die Lage merklich. Der Generalkommissar wies in seinem dreizehnten Bericht (Seite 4) darauf hin, daß bei so hohen Zinssätzen eine Produktion in ökonomischer Weise unmöglich werde; die letzte Ursache dieser hohen Zinssätze, der Kapitalmangel, müßte beseitigt werden. Die Erscheinung großer Geldflüssigkeit bei Kapitalmangel brachte es mit sich, daß dringender Kapitalbedarf auf dem Geldmarkt befriedigt wurde trotz der großen Gefahr, die eine solche Kreditaufnahme besonders in Krisenzeiten in sich birgt.

Die Valutastabilisierung bedeutete auch das Ende für die Inflationshausse an der Effektenbörse. Die Kurse gingen zurück und erlitten zu Beginn Oktober 1924 einen katastrophalen Sturz, am 6. Oktober zeigte sich ein Tiefstand, wie er vorher noch nicht dagewesen. Diese Katastrophe veranlaßte die Gründung eines Interventionssyndikates, in dem sich die bedeutendsten Banken Budapests unter Führung der Geldinstituts-Zentrale zusammenschlossen zur Stützung der Kurse, die infolge Spekulation und Marktlage einen Tiefstand aufwiesen, der durch die Lage des Unternehmens nicht gerechtfertigt erschien.[1]) Bis

[1]) Dem Interventionssyndikate standen 100 Milld. PK. zur Verfügung. Mitte 1925 war ein dreigliedriges Exekutivkomitee eingesetzt worden, um so jeweils ein

gegen Ende des Jahres 1924 zeigte sich eine kleine Besserung, diese Erholung war aber nur vorübergehender Natur. Im Jahre 1925 bröckelten die Kurse immer mehr ab, die Zinsfußherabsetzung der Nationalbank und die größere Geldflüssigkeit in dieser Zeit brachten nicht die erhoffte Anregung und Besserung. Anfang Juni sanken die Effektenkurse stärker und am 16. Juni 1925 lagen beinahe alle Kurse noch unter den Katastrophenkursen vom Oktober 1924. Die Umsatzziffern des Giro- und Kassenvereins an der Budapester Börse gingen stark zurück, die Börse verödete. Trotz dieser kritischen Lage waren die offiziellen Insolvenzfälle selten, im Jahre 1924 nur 12. Nach einer Erholung bis August bröckelten die Kurse immer weiter ab und erreichten im Mai 1926 ihren tiefsten Stand. Alle Maßnahmen für eine Besserung waren erfolglos geblieben: seit 4. Mai 1925 besteht für 9 Aktien wieder ein Termingeschäft in etwas veränderter Form einfach durch Hinausschiebung des Kassatages; gleichzeitig wurde das Verbot des Report-, Prolongations-, Prämien- und Stellagegeschäfts außer Kraft gesetzt. Im Zusammenhang damit wurde mit Wirkung ab 2. Mai 1925 die Effektenumsatzsteuer auf 0,2 bis 3 Promille je nach Art des Geschäftes herabgesetzt, die davon erwartete Belebung blieb aber aus. Seit Mai 1926 kletterten dann jedoch die Aktienkurse ungeahnt rasch in die Höhe, so daß der Aktienindex von 9,2 Ende Mai auf 15,6 Ende Dezember 1926 und weiter auf 23,1 Ende April 1927 stieg. Solche Kurse waren seit Beginn der Sanierung noch nie dagewesen. Mitbestimmt durch die Vorgänge an der Berliner Effektenbörse trat im Mai eine Abschwächung ein, die günstige Gesamtentwicklung wurde dadurch nicht gestört.

Wir müssen hier zur Klarlegung besonders auf den Umstand hinweisen, daß an der Budapester Börse sehr viele Kleinaktien notiert wurden, die den Effektenmarkt sehr belasteten. Zu Anfang April 1925 waren die Aktien von 298 Gesellschaften notiert mit zusammen 151,3 Mill. Stück Aktien; diese Aktien wiesen einen gesamten Kurswert

---

rasches Eingreifen zu sichern. Das Syndikat griff verhältnismäßig sehr selten ein, sein Bestehen allein bedeutete schon eine Hemmung für die Kontermine, obwohl für eine ausreichende Stützung und Sicherung des Effektenmarktes die Mittel des Syndikates unzureichend waren. Wenn Mittel für eine ausreichende Stützung hinreichend vorhanden gewesen wären, dann wäre diese Verlegenheitsmaßnahme einer Stützung wahrscheinlich nicht nötig gewesen. Die beste Kursstützungspolitik ist Rentabilitätspolitik der Unternehmungen; bei stabilem Geldwerte kauft niemand zur Substanzerhaltung Aktien, Sachwerte werden nur soweit gewertet, als sie ertragswertvoll sind. Technische Maßnahmen können mithelfen zur Verkehrsbelebung und Kurssteigerung; wenn aber die Ursache, der Hauptanstoß zur Belebung und Steigerung, eben die Rentabilität fehlt, so wird die Mithilfe zum unzureichenden Notbehelf. Dies gilt für Zeiten großer Kapitalknappheit in gesteigertem Maße, weil dann sehr viele Papiere zwecks Beschaffung flüssiger Betriebsmittel auf den Markt geworfen werden. Das Syndikat wurde immer wieder erneuert bis Ende 1926, zu welcher Zeit es dann seine Tätigkeit nach Abstoßung der Aktienbestände einstellen konnte.

von 936 Mill. Schw. Franken auf; davon entfielen auf 182 Gesellschaften mit 70 Mill. Stück Aktien nur 6 %, sie wiesen also einen Gesamtkurswert von 74,9 Mill. Schw. Franken auf, so daß der Durchschnittswert für eine Aktie bei diesen Kleingesellschaften sich zwischen 0,26 und 1,64 Schw. Franken bewegte, während die übrigen 116 Gesellschaften mit 81,3 Mill. Stück Aktien einen Gesamtkurswert von 861,1 Mill. Schw. Franken aufzuweisen hatten, für eine Aktie sich also noch ein durchschnittlicher Kurswert von 10,53 Schw. Franken ergab. (J. SZIGETI, *Die Sanierung des ungarischen Effektenmarktes*, Pester Lloyd, 19. April 1925.) Die Aktienkurse gerade dieser kleinen Aktiengesellschaften fielen später noch stärker, so daß sogar Kurse erschienen von weit unter einer Goldkrone, ja, von nur wenig über einem Goldheller für eine Aktie. Mit Einführung der Pengőbilanzen und Aufnahme der Pengőnotiz wurde diesem unerfreulichen Zustand ein Ende bereitet.

Die Krise auf dem Effektenmarkt äußerte sich auch in einem erheblichen Rückgange der Zahl der notierten Aktien:

Ende 1921	1922	1923	1924	1925	1926
22 657 873	32 156 275	101 588 310	142 610 461	150 772 246	143 855 309

Nach Einführung der Pengőaktien dürfte die Zahl sehr stark zusammengeschrumpft sein, denn schon zu Ende des Jahres 1926 ersuchten 7 Gesellschaften mit 5210000 Aktien um Einstellung der Notierung, in Aktien von 30 Gesellschaften mit 9858942 Aktien fand kein Verkehr statt, so daß Anfang 1927 nur noch 128786367 Aktien von 232 Gesellschaften im Verkehr waren.

Ausschlaggebend für die ganze Entwicklung war die Geldmarktlage. Daneben wirkte sehr deutlich die Lage an der Wiener, Prager und Berliner Börse auf die Kursentwicklung in Budapest ein. Der Effektenmarkt, dieses vielleicht mobilste Glied in der internationalen kapitalistischen Wirtschaftsverflechtung, war durch die Zerschlagung des alten Reiches am wenigsten behindert worden. Infolge der zahlreichen Arbitragemöglichkeiten übte das kapitalkräftigere Wien bestimmenden Einfluß auf die Budapester Börse aus: im Frühjahr 1924 drückten die Wiener Verkäufe infolge der mißglückten Francspekulation, später der Krach der Allgemeinen Depositenbank mit seinen Folgen und der Zusammenbruch Bosels. Aber auch die Besserung Mitte 1926 ging vom Wiener Markte aus; dazu kam die Veröffentlichung der Pengőbilanzen, die einen erheblichen Substanzwert der maßgebenden Unternehmungen erscheinen ließen, außerdem eine merkliche Geschäftsbelebung, die auch einen angemessenen Ertrag erwarten ließ. Mit 2. Januar 1927 wurde die Pengőnotiz an der Budapester Börse aufgenommen.

Nicht weniger deutlich als auf dem Effektenmarkte zeigte sich auf den anderen Gebieten des Wirtschaftslebens eine Erholung: die Arbeitslosigkeit ging dauernd und stark zurück, die Zahl der Konkurse und Zwangsausgleiche nahm ab, der Warenumsatz belebte sich bedeutend. Die Beschäftigung der ungarischen Industrie war von 1924 auf 1925 durchweg stark zurückgegangen, so daß etwa 30 % weniger Eisenerz und mehr als 10 % weniger Kohle gefördert, beinahe 20 % weniger Eisen erzeugt wurden. Die Stockung im Baugewerbe wirkte sich in allen Lieferindustrien aus. Im Jahre 1926 können wir durchweg gesteigerte industrielle Tätigkeit feststellen. Die Zementindustrie erhöhte ihre Erzeugung gegenüber 1925 um etwa 25 % von 217000 auf 270000 t; die Kalkbrennereien lieferten etwa 40 % mehr Kalk als 1925 (170000 t gegenüber 120000 t) und die Ziegelerzeugung ist sogar um annähernd 100 % vermehrt worden, von 41 Millionen Stück auf schätzungsweise etwa 80 Millionen Stück. In der Eisenindustrie war die Ausweitung der Erzeugung nicht geringer, die Stahlerzeugung nahm um 40 %, die Roheisenerzeugung vollends um 100 % zu. Anfang 1927 hat diese gute Beschäftigung angehalten und sich teilweise noch weiter verbessert. Es ist bezeichnend, daß in Budapest im ersten Halbjahr 1927 um 18,8 % mehr elektrischer Strom für motorische Verwendungszwecke abgegeben wurde als im gleichen Zeitraum 1926, nämlich 33,19 gegenüber 27,94 Mill. Kwh. Auch die erhöhte Einfuhr industrieller Rohstoffe, vor allem von Holz, weist klar auf die Produktionsvermehrung hin. (Tab. 17.) Diese Besserung ist zu einem Teile auf

Tabelle 17. Zahlen zur industriellen Erzeugung.

Jahr	Konsumzukker[1]) 1000 dz	Rohzukker[1]) 1000 dz	Spiritus 1000 hl[2])	Eisenerz t	Roheisen t	Stahl t	Kohlenförderung[3]) t	Baumwollindustrie Zahl der Spindeln	Webstühle
1913	1 505,7	252,4	.	394 963	190 444	443 214	7 054 690	.	.
1920	64,1	43,1	.	101 666	.	61 551	4 956 290	.	.
1921	260,4	17,7	.	36 015	71 387	166 137	6 241 958	33 000	4 100
1922	548,4	.	201	45 909	97 998	257 306	7 029 916	.	.
1923	714,1	26,2	197	138 123	124 445	283 046	7 709 051	.	.
1924	1 110,8	2,1	197	101 750	115 502	238 536	7 169 057	92 000	8 240
1925	1 777,2	48,8	258	68 517	93 130	231 140	6 325 779	.	.
1926	1 548,7	23,4	279	131 762	187 813	324 680	6 649 205	135 000	9 780

die staatlichen und kommunalen Investitionen zurückzuführen, zu einem nicht geringeren Teile aber gewiß auf die zunehmende Kaufkraft der Landwirtschaft. Auf die schlechte Ernte des Jahres 1924 folgten zwei sehr gute Erntejahre bei ertragbringender Verwertungsmöglichkeit. (Tab. 18.) Von den Nahrungsmittelindustrien konnte die Zuckerindustrie ihre Erzeugung entsprechend der wachsenden Zuckerrübenernte steigern, während die Mühlenindustrie nach wie vor darniederliegt und nur ganz vorübergehend einige Unternehmungen

---

[1]) Zahlen für 1913/14, dann 1919/20 usw., jeweils 1. Sept. bis 31. Aug.
[2]) Zahlen für 1921/22 usw., jeweils 1. Sept. bis 31. Aug.
[3]) Braunkohle und Steinkohle zusammen, Bruttoangabe.

Tabelle 18.

Zahlen zur landwirtschaftlichen Erzeugung.

Jahr	Weizen	Roggen	Gerste	Hafer	Mais	Kartoffeln	Zuckerrüben	Futterrüben
	in 1000 Meterzentnern							
Durchschnitt 1911/15	19 924	8 033	7 128	4 398	15 054	19 420	15 006	35 589
1920	10 332	5 143	4 719	3 238	12 742	20 722	6 398	29 118
1921	14 347	5 880	4 661	3 188	8 053	12 492	5 429	18 191
1922	14 895	6 388	4 827	3 274	12 377	13 197	7 111	17 302
1923	18 427	7 944	5 938	3 986	12 509	13 342	8 636	15 090
1924	14 035	5 614	3 203	2 281	18 881	15 717	12 742	17 760
1925	19 507	8 262	5 537	3 706	22 345	23 095	15 274	25 848
1926	20 387	7 980	5 554	3 600	19 443	18 746	14 446	24 321

von guter Beschäftigung berichten konnten. Von den Verbrauchsgüterindustrien hat den lebhaftesten Geschäftsgang die Textilindustrie aufzuweisen, die durchweg voll beschäftigt ist und ihre Betriebe in den letzten Jahren stark erweitert hat. Der Zollschutz erschwert die fremde Konkurrenz, und tschechoslowakische Unternehmungen z. B. entschließen sich mehr und mehr dazu, in Ungarn Textilbetriebe zu errichten. Im Gefolge dieser Belebung der Erzeugung zogen seit September 1926 auch die Großhandelspreise, hauptsächlich allerdings für landwirtschaftliche Erzeugnisse, wieder an.

Die Krisenerscheinungen lagen klar zutage, sie waren deutlich fühlbar, über die Krisenursachen wurden die verschiedensten Ansichten geäußert, die sich deutlich in den verschiedenen Namen zeigen, mit denen diese Krise belegt wurde: Konsumkrise, Absatzkrise, Handelskrise, Kreditkrise, Produktionskrise (wegen Überindustrialisierung), Vertrauenskrise, Immobilisierungskrise — Bezeichnungen, die die Ursache aufzeigen wollen, jedoch mangelhaft sind, weil sie aus der Fülle der Erscheinungen und Ursachen jeweils nur eine herausgreifen und gerade die Ursache außer acht lassen, die nach unserer Ansicht nicht nur die Hauptursache, sondern auch bezeichnend ist für diese Krise und die Entwicklung in Ungarn. In diese Richtung weist die Bezeichnung „Überzähligkeitskrise", die hinweisen will auf den Umstand, daß in dem verkleinerten Ungarn und nach der Inflation viele Unternehmungen gleicher Branche überzählig sind (vor allem Handels- und Bankunternehmungen, aber auch Produktionsunternehmungen), bzw. daß einzelne Betriebe überdimensioniert sind oder zu vielerlei Tätigkeiten ausführen wollen. Die Bezeichnung „Überzähligkeitskrise" („überzählig" verlangt immer eine Relation) hat den Vorteil, daß darin die wirtschaftlichen Grundlagen und Möglichkeiten in ihrer Beziehung zum Wirtschaftsleben mitberücksichtigt erscheinen und ein Fehler in dieser Beziehung genannt wird. Will man mit den Bezeichnungen „Stabilisierungskrise" und „Sanierungskrise" auf die Ursache der Krise hinweisen, so sind sie ganz verfehlt, denn es liegt wohl eine zeitliche Aufeinanderfolge, aber kein ursächlicher Zusammenhang vor. Wir wählen den Ausdruck „Sanierungskrise" nicht, um einen Kausalzusammenhang zu bezeichnen, sondern um auf den gesamten, erst durch die Valutastabilisierung und die anderen Sanierungsmaßnahmen klar aufgedeckten Komplex der Fragen, Probleme und Schwierigkeiten in der ungarischen Volkswirtschaft hinzuweisen, der die Sanierung notwendig machte und die wichtigste Krisenursache darstellt. Dieselben Umstände und Gegebenheiten, die das Sanierungsproblem entstehen lassen, bilden die wichtigste Ursache der Krise; Sanierungsproblem und Sanierungskrise gehen auf dieselbe Wurzel zurück und bilden Entsprechungen, eine wirkliche Überwindung der Krise bedeutet auch die Lösung des Sanierungsproblems. Dieser Zusammenhang scheint uns die Verwendung der Bezeichnung „Sanierungskrise" zu rechtfertigen, weil sie das Besondere dieser Krise heraushebt.

Die Hauptursachen der Krise erblicken wir in den Folgen des Krieges und in der Inflation. Durch den Friedensvertrag von Trianon wurde Ungarn verstümmelt, wertvolle Gebiete wurden abgetrennt. Dies bedeutete einen großen Verlust an wirtschaftlichen Hilfsquellen aller Art und eine Verkleinerung des Absatzgebietes für die ungarische Industrie, die doch zum größten Teile im Gebiete des heutigen Ungarns ihren Sitz hatte. In gleicher Weise gingen als Bezugs- und Absatzgebiete verloren alle österreichischen Länder, mit denen Ungarn vor dem Kriege in hemmungslos freiem Verkehre gestanden hatte. Die Nachfolgestaaten sperrten sich ab. Die Unterbindung alter Wirtschaftsbeziehungen zwischen dem heutigen Ungarn und den abgetrennten Gebieten wirkte auf die ungarische Industrie sehr nachteilig zurück, weil ihr so wichtige Absatzgebiete ganz oder teilweise verloren gingen. Dies brachte schon ohne weiteres eine Überdimensionierung vieler Unternehmungen, die auf ein Tätigkeitsgebiet eingerichtet waren, das wenigstens die Länder der ungarischen Krone umfaßte. Der Krieg brachte auch großen Kapitalschwund, irgendwelche Investitionen wurden kaum gemacht; zu allem brachten die Revolution und die rumänische Besetzung erhebliche Kapitalverwüstungen. Die Zerstörungsarbeit wurde vollendet durch die Inflation, deren unmittelbare Folgeerscheinungen so bekannt sind, daß sie hier nur erwähnt zu werden brauchen: Kapitalschwund; Ausdehnung des wirtschaftlichen Leerlaufes gegenüber wirtschaftlicher Arbeit, darum Überdimensionierung besonders im Handel, bei Banken, in der Staatsverwaltung; rasche Zunahme von Spekulationsunternehmungen verschiedener Art; Flucht in die „Sachwerte", Aufhäufung von Waren; tunlichst Arbeiten mit geborgtem Geld. Außerdem deckt die Inflation die durch den Friedensvertrag geschaffene Überzähligkeit zu, bringt sogar Neugründungen, eine Scheinblüte im Wirtschaftsleben. Das Abstoppen der weiteren Inflation und die Valutastabilisierung brachten rasch die Flucht aus dem Gelde zum Stillstande, der Warenabsatz kam zum Stocken, neben angehäuften Waren standen keine flüssigen Mittel zur Verfügung zur Abdeckung fällig werdender Kredite, die Kreditkrise war damit gegeben. Kapitalmangel und Kreditnot wurden verschärft durch die englische Valutapolitik, da nach Aufhebung des Goldausfuhrverbotes in England (28. April 1925) der englische Kapitalmarkt für das Ausland im großen und ganzen für längere Zeit verschlossen blieb; Ungarn hatte gerade Beziehungen zum englischen Kapitalmarkte angeknüpft, die Kooperation der Notenbanken ebnete die Wege, als die Valutapolitik Englands einen Ausbau dieser Beziehungen zunächst verhinderte. New York aber verhielt sich Ungarn gegenüber immer noch stark zurückhaltend, wollte da nur mit England gemeinsam „sicher“ gehen. Diese Krisenerscheinung der schärfsten Kreditanspannung trat am deutlichsten hervor, immer wieder wurde die Kreditnot als Ursache der ganzen Krise bezeichnet. Dabei sind Geldkredite und Kapitalkredite scharf zu trennen. Zunächst wurde der Mangel an Betriebsmitteln am drückendsten empfunden, man verlangte Krediterweiterungen bei den Banken und bei der Nationalbank, wie wir schon gesehen haben wurden die höchsten Zinssätze bezahlt. In bescheidenem Ausmaße mußte auch die Nationalbank der außerordentlichen Lage Rechnung tragen, ihre Kreditgewährung hielt sich aber in engem Rahmen; von anderen Geldinstituten gewährte Betriebskredite froren sehr oft ein, wurden Finanzkredite. Die Bemühungen, ausländisches Geld heranzuziehen, hatten nur ganz allmählich Erfolg. Für erstklassige Firmen konnten die Großbanken bald kurzfristige Auslandskredite vermitteln. Mit wenigen Ausnahmen blieb dabei aber unbefriedigt der Bedarf an langfristigen Krediten, vornehmlich zu Investitionszwecken; Kapitalverzehr und Kapitalverwüstungen der vergangenen 10 Jahre wirkten sich aus; dieser Mangel an langfristigen Krediten trat besonders in der Landwirtschaft hervor. Schwach fundierte Inflationsgründungen verschwanden, und auch unter den alten Unternehmungen forderte diese Krise Opfer. Die Einkommens- und Vermögensverschiebungen, die Kriegs- und Inflationszeit mit sich gebracht, hatten auch Verbrauchsverschiebungen zur Folge.

Außerdem wirkte die europäische Wirtschaftslage ungünstig auf die Sanierung in Ungarn ein. Die Krise in Deutschland nach der Valutastabilisierung veranlaßte weitgehend Warenausfuhr um jeden Preis, die in Mitleidenschaft gezogenen Wirtschaftsgebiete Österreichs und der Tschechoslowakei kämpften in gleicher Weise um ihren Warenabsatz. Zunächst blieb Ungarn geschützt, weil nur im Rahmen von Kontingenten und Bewilligungen Waren eingeführt werden konnten; die allmähliche Aufhebung des Verbotssystems öffnete den ungarischen Markt trotz der hohen Zölle, die durch die Krise erzwungenen niedrigen Preise verlockten zur Einfuhr, besonders da die Inanspruchnahme von Krediten möglich war und der steigende Kronenkurs diese Kredite verbilligte. Durch solche Einfuhr wurde die ungarische Industrie in ihrem Absatze gehemmt, die Häufung von Waren brachte im Handel zahlreiche Fälle von Immobilisierung, weil der Weiterabsatz auf Schwierigkeiten stieß.

Sehen wir die entscheidenden Krisenursachen in den unmittelbaren Folgen des Krieges und der Inflation, die die Grundlagen und Bedingungen der wirtschaftlichen Tätigkeit von Grund auf verschoben, so müssen daneben doch noch manche innerwirtschaftliche Umstände Beachtung finden, die krisenverschärfend oder milderungshemmend gewirkt haben. Die Agrarreform schaltete große Gebiete aus dem Wirtschaftsverkehre aus und ließ Einzelwirtschaften entstehen, die nach bedeutenden Investitionen und nach Betriebskrediten verlangten.[1]) Das Stocken der Bautätigkeit infolge des Kapitalmangels und der Wohnungszwangswirtschaft brachte Stockung für die vielen Gewerbezweige, die mit dem Baugewerbe in engem Zusammenhange stehen. Mit am wirksamsten war der Einfluß der schlechten Getreideernte 1924, der durch gute Preise und gute Hackfruchternte nicht voll ausgeglichen werden konnte. Dazu kamen noch all die Lasten und Opfer, die die Sanierung der Staatsfinanzen mit sich brachte: hohe Steuern, Verbrauchsbelastung durch Zölle und Zollkreditzinsen, Hemmungen im Kapitalverkehre infolge der Devisenbeschränkungen (die ungarische Nationalbank pflegte das Devisenkostgeschäft nicht) — Ursachen der Krise, die mehr vorübergehender Natur oder bei denen Abhilfemaßnahmen am ehesten möglich und erfolgversprechend waren.

Nicht weniger vielgestaltig als die Ursachen der Sanierungskrise waren die Vorschläge von Maßnahmen zu ihrer Überwindung. Nur auf die wichtigsten können wir hier eingehen, auch nur wenige Sonderprobleme einzelner Wirtschaftszweige besprechen. Alle Kreise forderten vom Staate eine Minderung der Lasten, vor allem also Steuerherabsetzungen. Wir haben diese Bestrebungen und die Erfolge schon geschildert und besonders auf den Kampf hingewiesen, der um die Umsatzsteuer tobte. Erst spät gelang es, zum Abschluß von Handels-

[1]) In 3270 Gemeinden wurden 1,170000 Kat.-Joch in Anspruch genommen, davon 903000 Kat.-Joch auf dem Wege der Enteignung bzw. Vermögensabgabe. Vom Großgrundbesitz wurden 654000 Kat.-Joch zu Zwecken der Bodenreform abgetrennt. Aus der erlangten Bodenfläche wurden 250000 Hausstellen, 860 Hutweiden und 373000 Zwergbesitze gebildet. (Johann Tóth im Ung. Oberhaus am 25. Juni 1927.)

und Tarifverträgen mit den Nachbarstaaten zu kommen, die einerseits Herabsetzung der Einfuhrzölle, andererseits gesteigerte Ausfuhrmöglichkeiten bringen sollten. Die Krise merzte viele überzählige Unternehmungen aus und wirkte so zum besseren, nicht wenige Unternehmer entschlossen sich zu freiwilliger Liquidation. Die Überdimensionierung sollte wettgemacht werden durch entsprechende Konzentration und Fusionen; immer wieder drängte die Regierung in diese Richtung: für Fusionen von Aktiengesellschaften und Genossenschaften wurde durch Verordnung vom 25. April 1925 Gebührenfreiheit gewährt, vorläufig bis Ende 1927; das Erfordernis eines Mindestaktienkapitals nach Wiederherstellung der Bilanzwahrheit sollte kleine Unternehmungen dazu bringen, sich größeren anzuschließen oder sich zu fusionieren. Zahlreiche kleinere Bergwerke, erst wenige Jahre in Betrieb, wurden wieder stillgelegt. 1923 befanden sich 96, 1925 nur noch 48 Kohlengruben in Tätigkeit. Die verschärfte Konkurrenz der großen Gruben und der ausländischen Kohlen machte eine ertragsreiche Förderung unmöglich. Die Krise im Kohlenbergbau erreichte im Frühjahr 1926 ihren Höhepunkt, als die wichtigsten Gruben nur 2 bis 4 Schichten wöchentlich verfuhren. Über die größte Not halfen dann Notstandsarbeiten hinweg. Seit Sommer 1926 besserte sich die Lage im Zusammenhang mit dem englischen Kohlenarbeiterstreik, in der neuesten Zeit ist aber die Konkurrenz der besseren ausländischen Kohle wieder fühlbar geworden, obwohl die rege Geschäftstätigkeit einen größeren Verbrauch zur Folge hatte. Trotzdem ist uns nur ein Fall einer bedeutenderen Fusion bekannt geworden: die Salgótarjáner Steinkohlenbergbau A.-G. nahm im April 1925 die Esztergom-Szaszvárer Kohlenbergbau A.-G., die Nordungarische Vereinigte Kohlenbergbau- und Industrie A.-G., die Esztergom Regional Kohlenbergbau A.-G. und die Hungaria Kalkindustrie A.-G. in sich auf.

Vielleicht am härtesten wurde durch die Gebietsschrumpfung die Mühlenindustrie betroffen.[1]) Sie kann nicht mit voller Kapazität arbeiten (die Budapester Großmühlen arbeiteten 1922 nur mit etwa 20 % ihres Erzeugungsvermögens), weil der Mehlabsatz gehemmt ist durch die Zölle in Österreich und der Tschechoslowakei, auch durch die österreichische Regelung der Umsatzsteuer. Bis zum 14. Juni 1926 fand an der Budapester Börse auch kein Getreidetermingeschäft statt, was die Tätigkeit der Mühlen hemmte und wohl mit eine Ursache des Zusammenbruchs des Viktoria-Mühlenkonzerns zu Beginn 1926 war. Das rasche Eingreifen der Regierung verhütete Weiterungen dieser Schwierigkeiten, so daß die vielen Betriebe dieses Konzerns

---

[1]) Seit Mitte 1926 ist eine Besserung unverkennbar, wenn auch nur teilweise und ganz vorübergehend von annähernd voller Beschäftigung gesprochen werden konnte.

in neuer Zusammenfassung weiter arbeiten konnten. An bedeutenden Fusionen in der Mühlenindustrie erwähnen wir noch die der Hungaria Dampfmühlen A.-G. mit den Putnoker Dampfmühlen und die der ersten Budapester Dampfmühlen A. G. mit der Pester Müller- und Bäckerdampfmühlen A. G. und verschiedenen kleineren Unternehmungen. Unter Umständen werden später private Vereinbarungen der Mühlen in den Nachfolgestaaten (kartellmäßiger Zusammenschluß) viele bestehende Schwierigkeiten beseitigen.[1])

In der Maschinenindustrie war die Zersplitterung besonders groß, jede von den verschiedenen Unternehmungen erzeugte mehrere oder viele Artikel mit hohen Kosten bei scharfem, verlustbringendem Wettbewerb. Trotzdem konnte sich der Gedanke der kaufmännischen Zusammenfassung der Unternehmungen und der technischen Zusammenfassung der Betriebe erst im ersten Halbjahr 1927 praktisch durchsetzen: Ganz-Danubius nahm mehrere andere Waggon- und Schwereisenkonstruktionsfirmen auf und zwischen den vier wichtigsten Erzeugern von landwirtschaftlichen Maschinen kam eine Produktionsvereinbarung zustande, nach der jedes Unternehmen sich auf die Erzeugung weniger Maschinenarten beschränkt. Eine ähnliche Vereinbarung kam kurz vorher im Frühjahre 1927 zwischen den bedeutendsten ungarischen Stahlwarengesellschaften (hauptsächlich Spezialstähle) zustande. Zwischen ungarischen Geldinstituten wurde manche Zusammenfassung bekannt, doch zeigte sich in Ungarn keine so ausgesprochene Konzentrationstendenz im Bankgewerbe wie etwa in Österreich. Auch sonst haben sich in der neuesten Zeit verschiedentlich mehrere Unternehmungen verschmolzen, um durch Kostenminderung ihren Absatz zu steigern. Viele unwirtschaftliche Reibungsflächen sind so beseitigt worden.

Mehr auf Absatz- und Preissicherung waren die Kartelle bedacht, Rationalisierungsbestrebungen kamen bei ihnen erst in zweiter Linie zur Geltung. Dies gilt z. B. für das Spirituskartell. Die hohen Preise im Inlande ermöglichten billige Ausfuhr, die deshalb in den letzten Jahren stark gesteigert werden konnte. Die Erzeugung stieg entsprechend und das Produktionskontingent, an dem die landwirtschaftlichen Brennereien mit $^1/_3$, die industriellen mit $^2/_3$ beteiligt sind, konnte im Oktober 1926 von 240000 hl auf 282000 hl, im Dezember 1926 weiter auf 330000 hl erhöht werden. Demgegenüber wurde die Schließung der Kunstseidefabrik in Sárvár (21. Mai 1926) mit den hohen Spirituspreisen begründet. Der Abschluß einer Verkaufsge-

---

[1]) Im August war tatsächlich ein Abkommen zwischen den wichtigsten österreichischen und ungarischen Mühlen abgeschlossen worden, das aber wegen der neuen österreichischen Zollpolitik nicht in Kraft getreten ist.

meinschaft in der Kabeldrahtindustrie brachte im Frühjahr 1927 auch sogleich eine Preiserhöhung. Im Rahmen des Ostblockes sind die ungarischen Stahlwerke seit 1. Januar 1927 an der internationalen Rohstahlgemeinschaft mit einer Quote von etwa 200000 t beteiligt. Auch dem Schienenausfuhrkartell haben sich die ungarischen Erzeuger wie vor dem Kriege wieder angeschlossen. Diese Kartellierung bringt wohl eine gewisse Absatzsicherung und war insofern für die ungarische Wirtschaft vorteilhaft auf ihrem Sanierungswege, sie dient aber nicht immer dem wirtschaftlichen Fortschritt, was auf lange Sicht noch wichtiger wäre.

Gegen die Produktionsstockung und so auch gegen die Arbeitslosigkeit wurde noch mit anderen Mitteln vorgegangen. Die günstige Gebarung im Staatshaushalte erlaubte der Regierung, zur Renovierung von Häusern Kredite auf 2 Jahre zur Verfügung zu stellen. Mehr Beschäftigung und Arbeitsgelegenheit sollten die staatlichen Investitionen bringen. Durch ihre Steuerpolitik entzog die Regierung weit über das vorgesehene Maß hinaus der Wirtschaft Mittel zum Aufbau. Schon ziemlich früh tauchte der Gedanke auf, wenigstens die erreichten Überschüsse wieder an die Wirtschaft zurückzuleiten auf dem Wege über Investitionen. Dies wurde auch tatsächlich durchgeführt und auch aus der Sanierungsanleihe wurden bedeutende Beträge Investitionen zugeführt. Es dauerte jedoch unnötig lange Zeit, bis die Arbeiten in Fluß kamen, so daß sie im Wirtschaftsleben des Landes erst Anfang 1926 deutlich fühlbar wurden. Nach den veröffentlichten Investitionsprogrammen wurden bereitgestellt[1]):

Investitionen in Mill. GK.	1925/26	1926/27	1925/27
1. Zur Förderung des Verkehrs (Straßen- und Brückenbau; Budapester Freihafen auf Csepel; Staatsbahnen und Post)	44,2	35,331	79,531
2. Zur Förderung der Landwirtschaft (Entwässerungsarbeiten und Stromregulierungen; Hilfe für landwirtschaftliche Genossenschaften; Aufwendungen im Zusammenhang mit der Bodenreform usw.)	52,1	31,368	83,468
Summe: . . .	96,3	66,699	162,999

[1]) Vgl. die Angaben im 16. *Bericht des Generalkommissars*, Seite 2—4; im zweiten *Bericht über die finanzielle Lage in Ungarn* (Finanzministerium), Seite 6—11. Wir geben die zahlreichen Einzelposten in einer Zusammenfassung, sind uns aber bewußt, daß die Förderung eines Wirtschaftszweiges mittelbar auch anderen zugute kommt. Nach dem 7. Finanzbericht (S. 6) standen für 1926/27 allerdings 120,46 Mill. GK. zur

Investitionen in Mill. GK.	1925/26	1926/27	1925/27
Übertrag:	96,3	66,699	162,999
3. Zur Gewerbeförderung (Staatliche Neubauten und Erneuerungsarbeiten; Kapitalerhöhung der Geldinstituts-Zentrale; Kredite an Genossenschaften; Aufwendungen bei staatlichen Betrieben)	27,63	15,134	42,764
4. Für soziale und kulturelle Aufwendungen (Städt. Kleinwohnungen; Volksgesundheit und Volksbildung)	14,9	31,667	46,567
5. Verschiedene kleine Investitionen . .	—	1,462	1,462
Summe: . . .	138,83	114,962	253,792

Von den rund 254 Mill. GK. sind 64 Mill. GK. in der Form von Krediten ausgegeben worden; die daraus fließenden Zinsen und Rückzahlungsbeträge sollen zum Teil wieder weiterverliehen, zum Teil zur Verzinsung und Rückzahlung der Völkerbundanleihe verwendet werden. Diese Aufwendungen der Regierung brachten zweifellos eine erhebliche Erleichterung für die Wirtschaft des Landes und haben jedenfalls die Belebung der letzten Zeit mitverursacht. Außerdem müssen diese Investitionen noch besonders gewertet werden, weil sie die Produktivkraft des Landes stärken und so dauernd günstige Wirkungen ausüben. Allerdings darf nicht vergessen werden, daß, da seit 1914 unter dem Zwange der Verhältnisse solche Arbeiten fast völlig ruhten, viel Versäumtes nachzuholen ist.

Für die Förderung der Landwirtschaft wurden demnach recht beachtliche Summen ausgeworfen, was der Bedeutung der Landwirtschaft im Rahmen der ungarischen Wirtschaft entspricht. Die Landwirtschaft klagte immer darüber, daß ihr die Kapitalien fehlen, um Entwässerungen vorzunehmen, Bodenmeliorationen durchzuführen, Maschinen zu beschaffen, den Viehbestand aufzufrischen, Saatgut zu veredeln, Kunstdünger anzukaufen usw. Hier griff die Regierung nach Kräften ein und später brachten Auslandsanleihen noch mehr Erleichterungen. Die Entschuldung des Bodens infolge der Inflation erlaubte bedeutende Aufwendungen. 1914 waren nur 258 Traktoren in Verwendung, 1923 schon 742, Ende 1925 1732. Der Kunstdünger-

---

Verfügung. Es ist aber nicht angegeben, wofür der Unterschied von 5,5 Mill. GK. aufgewendet werden soll. Die tatsächlichen Ausgaben für Investitionen dürften — abgesehen von den im ordentlichen Staatshaushalt und im Budget der Staatsbetriebe vorgeschlagenen Beträge — etwas höher gewesen sein, da der Regierung auch noch Mittel aus der Zwangsanleihe zu solchen Zwecken zur Verfügung standen.

verbrauch stieg stark, 1925 wurden 20271 t eingeführt, 1926: 38994 t; dabei ist auch die inländische Erzeugung von Kunstdünger gewachsen und belief sich 1926 schätzungsweise auf 86000 t gegenüber nur 71870 t 1925 und 42850 t 1924. Die Regierung wendet besonders dem Ausbau des landwirtschaftlichen Bildungswesens erhöhte Aufmerksamkeit zu. Wohl am heftigsten wurden von der ganzen Krisenlage in Mitleidenschaft gezogen die Weinbauern. Ihre Lage ist ein besonders krasses Beispiel dafür, wie die Verengerung des Absatzgebietes durch die Zerschlagung der Donaumonarchie eine schwere Krise brachte. Auch hier liegt eine Überdimensionierung vor und im Gebiete von Sopron wurden auch schon Weinberge in Ackerland verwandelt. Ein Regierungskredit von 20 Milld. PK., der im Frühjahre 1925 für den Weinbau flüssig gemacht worden war, brachte natürlich nur eine vorübergehende Linderung. Das Gedeihen der Landwirtschaft ist von großer Bedeutung für die Gesamtwirtschaft Ungarns, eine blühende, kaufkräftige Landwirtschaft bringt auch eine Belebung von Gewerbe und Handel mit sich. Dies kommt ganz sinnfällig etwa darin zum Ausdruck, daß die Stimmung an der Budapester Effektenbörse in den Frühjahrsmonaten durch die Witterungsgestaltung beeinflußt wird. Aller Augenmerk ist auf die Entwicklung der Landwirtschaft gerichtet. Eine Weiterentwicklung ist noch sehr wohl möglich, sie bewegt sich in der Richtung der Mehrerzeugung und Ertragssteigerung: weite Gebiete können noch entwässert werden[1]), noch mehr ist zu erreichen durch Steigerung des Ertrages. Neuere Versuche haben entgegen früheren Ansichten gezeigt, daß bei entsprechender Einrichtung noch eine bedeutende Ertragssteigerung möglich ist. So ist es eine besondere Aufgabe, die Zwerg- und Kleinbesitzer, die durch die Bodenreform noch Zuzug erhalten haben, zu intensiver Kultur zu bringen. Es ist vielleicht der größte Mangel der Bodenreform, daß der Kapitalmangel einer entsprechenden Intensivierung entgegensteht. Die Liga für Mehrproduktion sucht durch entsprechende Aufklärungs- und Bildungsarbeit eine bessere, ertragsreichere Bebauung des Bodens zu erzielen. Die natürlichen Absatzgebiete Ungarns, Österreich und die Tschechoslowakei, sind so aufnahmefähig, daß heute auch die beste ungarische Ernte ihren Bedarf nicht decken kann; die Möglichkeit der Beförderung auf dem Wasserwege bedeutet eine große Absatzerleichterung. Steigerung und Verbesserung der Erzeugung gilt nicht nur für die Halmfrüchte; mehr und mehr gewinnen Obstzucht und Gemüsebau an Bedeutung, auch in der Ausfuhr. Durch rasche Beförderung in Spezialwagen und entsprechende Tarifpolitik wird die Ausfuhr ge-

[1]) In einem Artikel *Wasserwirtschaftliche Aufgaben* (Pester Lloyd vom 23. August 1925) gibt Jakob v. TAHY die durch die Entwässerung noch zu gewinnende bzw. für die Ernte zu sichernde Gesamtfläche mit etwa 850000 Kat.-Joch (= etwa 490000 ha) an.

fördert. Dabei wird jetzt auch darauf Bedacht genommen, Obstpulpe (Konservenhalbfabrikat) auszuführen. In der Viehzucht sollen die Einfuhr hochwertiger Zuchttiere aus der Schweiz, aus Österreich und Deutschland sowie zweckmäßige Fütterung Qualitätsverbesserungen bringen.

Die Landwirtschaft steht in der Bedeutung für die Sanierung des Landes an erster Stelle. Dies schließt allerdings die Möglichkeit in sich, daß die Sanierung nicht „planmäßig" abläuft, weil schlechte Erntejahre alle Berechnungen hinfällig machen können. Diese Möglichkeit konnte nach unserer Ansicht im Sanierungsplane des Völkerbundes nicht in höherem Maße Beachtung finden, als es geschehen ist: wenn das Programm ungenügend, so müßte es durch Steuererhöhungen oder durch andere Verwaltungsmaßnahmen verbessert werden (Protokoll II, Artikel II/2); der Plan konnte nicht alle Möglichkeiten ins Auge fassen, mußte unter Zugrundelegung von Durchschnittsverhältnissen aufgebaut werden. Im Hinblick auf die Sanierung war es äußerst günstig, daß die ungarische Ernte 1925 sehr gut war und auch die Erlöse aus der Ernte 1926 befriedigten.

Wir sind mit der Betrachtung landwirtschaftlicher Sonderprobleme etwas abgekommen von der Besprechung der Abhilfemaßnahmen gegen die Sanierungskrise. Wir haben bis jetzt vornehmlich solche angeführt, die durch Senkung der Erzeugungskosten eine Absatzsteigerung erzielen wollen. Andere Vorschläge wollten eine Besserung hauptsächlich durch unmittelbare Hebung des Verbrauchs erreichen. In dieser Richtung bewegten sich vornehmlich Vorschläge zur Behebung der Arbeitslosigkeit. Der Vorschlag, nicht zu sparen, sondern das Geld auszugeben, damit der Verbrauch Arbeitsgelegenheit gebe, ist in dieser Form ganz abwegig; diese Ansicht hat doch nur so lange Geltung, als man erspartes Geld in den Kasten legt. Von gleich zweifelhaftem Wert ist der Vorschlag hohen Zollschutzes zur Schaffung von Arbeitsgelegenheit. Daß es in Ungarn weder eine staatliche Arbeitslosenunterstützung noch eine Arbeitslosenversicherung gibt, ist ein sozialpolitischer Mangel, der dringend Abhilfe fordert. Die angeregte staatliche Organisierung der Auswanderung würde dem Lande die besten Kräfte dauernd entziehen, also eine Schwächung der Erzeugungskraft des Landes bedeuten.

Bei der großen Kapitalnot in Ungarn gewann hervorragende Bedeutung die Versorgung mit Krediten, vor allem mit ausländischen Krediten. Das Vertrauen der Geldgeber in die ungarische Wirtschaft wurde durch die Valutastabilisierung und entsprechende Devisen- und Kreditpolitik der Nationalbank gewonnen, gestärkt durch die Wiederherstellung der Bilanzwahrheit und die Regelung der staatlichen Vorkriegsschulden durch das Innsbrucker (Juni 1923) bzw. Prager Abkommen (November 1925). Der wachsende Einlagenstand bei den Geldinstituten brachte allmählich eine bessere Versorgung mit Betriebsmitteln. Das reich gegliederte ungarische Genossenschaftswesen war in seiner Wirksamkeit stark beschränkt durch den Mangel an eigenen und fremden Mitteln bis die Regierung aus Investitionsgeldern größere Beträge zur Verfügung stellte. Die Regierung gewährte auch kurzfristige Kredite an Komitate, Städte und Hochwasserschutzgesellschaften (24 Mill. GK.) sowie an Tabakpflanzer (3,1 Mill. GK.) und Kleingewerbetreibende (0,7 Mill. GK.). Schon seit April 1925 konnten die größeren Banken ausländisches Geld für kurze Fristen heranziehen, so daß der Bedarf an kurzfristigen Betriebsmitteln bald hinlänglich gedeckt war.[1])

Viel schwerer wurde es, dem Mangel an langfristigen Anlagekapitalien abzuhelfen. Vor dem Kriege waren die Mittel — besonders für den landwirtschaftlichen Kredit — vorwiegend aus Österreich und Deutschland geflossen, jetzt kamen als Kapitalgeber nur noch England und die Vereinigten Staaten von Amerika in Betracht. Die Schwierigkeiten waren von vornherein groß, weil England Grundbuchsystem, Hypothekenkredit und Pfandbriefe nicht kennt. Für den dringendsten Bedarf stellte die Regierung im Sommer 1925: 22 Mill. GK. — den Erlös aus der Liquidation des Noteninstituts und der Devisenzentrale — zur Verfügung. Dieser Kredit wurde jedoch kaum in Anspruch genommen, weil die Bedingungen für die Landwirte zu drückend waren, denn bei einer Nominalverzinsung von 8 % sollten sie nur 82 % ausgezahlt erhalten und nur 5 % des Schätzungswertes des Grundstückes sollten beliehen werden. Auf Grund besserer Bedingungen wurde dieser Kredit im Spätherbst 1925 zu 7,5 % flüssig gemacht, wobei die Landwirte 86,5 % erhielten, so daß die Belastung einschließlich Tilgung 10,5 % ausmachte.

Schon im Januar 1925 konnte die Rimamurányer Eisen- und Stahlwerke A. G. in New York für 3 Mill. Dollar hypothekarisch gesicherte Obligationen mit 30jähriger Laufzeit unterbringen. Dann stockte der Zufluß von Auslandskrediten. Auch dem neugegründeten ungarischen

---

[1]) Auf dem Gebiete des kurzfristigen Kredites sind besonders interessant die Bestrebungen, die auf Schaffung der Mobiliarhypothek für Gewerbe und Landwirtschaft abzielen, interessant deshalb, weil dieser Gedanke bei scharfer Kreditanspannung immer wieder auftaucht. Einrichtungen in Frankreich und in der Schweiz dienen als Vorbilder, nach denen das sogenannte Registerpfand (für fundus instructus, Rohmaterialien, Halb- und Fertigfabrikate) eingeführt werden soll. Auf Grund der Eintragungen in ein öffentliches Pfandregister soll die Ausgabe von übertragbaren und eskontfähigen Warrants ermöglicht werden und auf diesem Wege Kreditbeschaffung. Auf die Ausnützung der öffentlichen Lagerhäuser und die Lombardierung der Lagerscheine zur Kreditbeschaffung wird verwiesen.

Finanzsyndikat[1]) gelang es zunächst nicht, für die Landwirtschaft langfristige Auslandsanleihen zu erlangen. Dies ist wohl darauf zurückzuführen, daß die amerikanischen Kapitalgeber zu der Zeit ihr Interesse fast ausschließlich Deutschland zuwandten. Zudem zeigten sich die Auslandkapitalisten vorsichtig zurückhaltend bis ersichtlich wurde, daß die Valutastabilisierung und die Budgetbilanzierung von Dauer sein werden, die grundlegende Sicherheit also vorhanden sei. Das Vertrauen der Kapitalisten und die Geneigtheit, Kredite zu gewähren, richten sich um so mehr nach der Staatsgebarung und Valutaentwicklung eines Landes, je weniger die Produktions- und Handelsunternehmungen sonst in ihrer Bedeutung bekannt sind. — Hier zeigt sich eine grundlegende Bedeutung gesunder Währung und Staatsfinanzen für die Wiederbelebung eines gestörten Wirtschaftslebens.

Im Jahre 1925 kam nur noch eine Anleihe der ungarischen Provinzstädte zustande. (Tab. 19.) Die Bedingungen waren noch sehr hart und die Städte erhielten nach Abzug aller Spesen nur etwa 70 % bar, da eine Sicherungssumme für ein halbes Jahr Zinsendienst gebunden bleibt. Die Quote, die der einzelnen Stadt zufiel, bestimmte die Regierung; jede Stadt haftet nur für ihre Quote mit ihrem gesamten Vermögen und Einkommen; zur Sicherung wurden die Einnahmen aus der Erwerbssteuer und der Umsatzsteuer gebunden, das Aufkommen wird auf ein besonderes gesperrtes Konto bei der Nationalbank eingezahlt, ganz entsprechend den für den Dienst der Sanierungsanleihe gesperrten Staatseinnahmen; weder hypothekarische Sicherung noch Regierungsgarantie ist gegeben, die Regierung

[1]) Von der Annahme ausgehend, daß zahlreiche kleine Anleihen kaum würden untergebracht werden können, sollte das ungarische Finanzsyndikat unter Leitung von Johann v. Teleszky eine große Pfandbriefanleihe unterzubringen versuchen. Dieses Syndikat — die Gründung dieser „Genossenschaft ungarischer Geldinstitute für Pfandbriefemissionen" erfolgte am 18. März 1926 — stellt den genossenschaftlichen Zusammenschluß der bedeutendsten ungarischen Geldinstitute dar, vor allem natürlich der Hypothekenbanken. Auf Grund der Pfandbriefe der verschiedenen Institute sollte ein einheitlicher Pfandbrieftyp geschaffen und im Auslande untergebracht werden; die Institute sollten den Betrag noch von sich aus garantieren und nur im Verhältnis zu ihrem Eigenkapital beteiligt sein. Am 3. April 1925 wurde das diesbezügliche Gesetz „über einzelne Bestimmungen zur Erleichterung der Beschaffung landwirtschaftlicher Kredite" in der Nationalversammlung angenommen. Neben der Bestimmung, daß die vom Syndikat auszugebenden Pfandbriefe kautionsfähig, vollständig gebühren- und steuerfrei (Urkunden und Zinsgebühren, Steuern und Gebühren bei der Rückzahlung) sein werden, wurden zwei rechtliche Hindernisse für die Kreditaufnahme beseitigt: die Höchstgrenze für den in das Grundbuch eintragbaren Zinsfuß, bis dahin 8 %, wurde hinsichtlich der Pfandbriefanleihe aufgehoben; außerdem sollte der Grundeigentümer in kürzester Frist erfahren können, wie weit sein Besitz für die Zwecke der Bodenreform in Anspruch genommen werden solle, damit die hypothekarische Belastung für den Rest möglich würde.

Ungarns Auslandsanleihen von Beginn der Sanierung bis Juli 1927. Tabelle 19.

Schuldner:	Zeit der Ausgabe	Nominalbetrag Titel-nominale in Mill.	Nominalbetrag Mill. GK.	Laufzeit Jahre:	Nominalzinssatz:	Ausgabekurs:	Zuzählungskurs:
1. Öffentl.-rechtl. Körperschaften:							
Provinzstädte	Juli 1925	10,0 $	49,35	20	7,5	89	82
Komitate I. Schnitt. .	Juli 1926	1,25 £	30,021	20	7,5	98	92
Provinzstädte	Okt. 1926	6,0 $	29,61	20	7,0	93,5	89
Szabolcs	Okt. 1926	0,3 £	7,205	20	7,5	.	.
Budapest	Juni 1927	20,0 $	98,7	35	6,0	91	88,5
Komitate II. Schnitt .	Juli 1927	1,0 £	24,017	19	6,0	92	86,5
2. Landwirtschaft:							
Bodenkreditinstitut . .	Jan. 1926	1,0 £	24,017	35	7,5	93	86,5
Pfandbriefsyndikat . .	Mai 1926	5,0 $	24,675	35	7,5	96	.
Bodenkreditinstitut . .	Juni 1926	3,0 $	14,805	35	7,5	95	.
Innerstädt. Sparkasse .	Sept. 1926	0,3 £	7,205	35	7,5	97,5	.
Ungar.-ital. Bank . . .	Jan. 1927	1,0 $	4,935	5	7,5	100,5	.
Ungar. Landeszentralsparkasse	Mai 1927	1,5 $	7,403	35	7,5	100,0	94
Landeszentralkreditgenossenschaft . . .	Juni 1927	3,0 $	14,805	10	7,0	99	.
3. Industrie und Handel:							
Rimamurányer Stahlw.	Jan. 1925	3,0 $	14,805	30	7,0	88	.

schützt die Anleihe gewissermaßen nur moralisch dadurch, daß sie ihre Verwendung prüft. Nach gesetzlicher Bestimmung müssen 75 % des erhaltenen Betrages in nutzbringenden Investitionen angelegt werden. Die Obligationen sind vollständig gebührenfrei und gelten als mündelsicher. Die Pester Ungarische Kommerzialbank vertritt die Obligationeninhaber als Treuhänderin.

Diese Anleihe war von grundsätzlicher Bedeutung insofern, als bislang nur ganz wenige Städte in Ungarn das Recht zur Ausgabe von Obligationen besaßen; auf dem Wege über die Sammelanleihe wurde nun für viele Städte praktisch dasselbe erreicht. Die Durchführung dieser Anleihe wurde für ähnliche Fälle vorbildlich: der einheitliche Typ trotz der Mehrzahl von Schuldnern ermöglicht Placierung an einem großen Markte und läßt günstigere Bedingungen erreichen als bei zersplitterten Kleinanleihen.[1]) So war die Ausstattung der zweiten Anleihe der Provinzstädte im Oktober 1926 ähnlich, aber die finanziellen Bedingungen waren bedeutend leichter; die Städte dürften etwa 86 % bar erhalten haben. Schon kurz vorher konnte Szabolcs

---

[1]) Der in Ungarn aufgetauchte Plan, Kredit für die ungarische Industrie durch eine gemeinsame große Auslandsanleihe zu erlangen und zu diesem Zwecke eine ähnliche Einrichtung zu schaffen wie die Industriebelastung in Deutschland, ist bisher nicht verwirklicht worden.

durch Vermittlung der Regierung in England eine Anleihe von 300000 £ unterbringen. Als Sammelanleihe wurde in London im Juli 1926 auch die Anleihe ungarischer Komitate untergebracht; vom Gesamtbetrage von 2,25 Mill. £ wurden zunächst nur 1,25 Mill. £ begeben. Im Juni 1927 erhielt Budapest eine Anleihe von 20 Mill. Dollar zu besonders günstigen Bedingungen.

Am größten waren die Schwierigkeiten zur Erlangung von Anleihen für die Landwirtschaft. Erst im Mai 1926 konnte das Pfandbrief-Finanzsyndikat mit Hilfe der European Mortgage and Investment Corporation eine Anleihe über 15 Mill. Dollar abschließen, deren Unterbringung aber in mehreren Schnitten erfolgen soll. Auch andere Institute konnten bedeutende Anleihen im Auslande unterbringen.

Im ganzen konnte also Ungarn nach der Sanierungsanleihe bis Juli 1927[1]) für nominal 351,55 Mill. GK. langfristige Auslandsanleihen erhalten und zwar 1925 für 64,155 Mill. GK., 1926 für 137,536 Mill. GK., und in den ersten sieben Monaten 1927 für 149,86 Mill. GK. Vom Gesamtbetrage flossen den öffentlich-rechtlichen Körperschaften 238,90 Mill. GK. (= 67,0 %), der Landwirtschaft (darin auch Teilbeträge für den städtischen Grundbesitz) 97,84 Mill. GK. (= 27,5 %), der Industrie 14,81 Mill. GK. zu. Die effektiv nach Ungarn geflossenen Beträge nach Abrechnung des Disagios und der Spesen dürften allerdings kaum über 300 Mill. GK. hinausgehen, eher noch etwas geringer sein. Damit ist die Auslandsverschuldung Ungarns wieder beträchtlich gewachsen, die langfristigen Schulden beliefen sich Mitte 1927 auf etwa 1715 Mill. GK. Davon entfallen auf Vorkriegsverpflichtungen 1023,95 Mill. GK., auf die Hilfskredite vom Jahre 1921 12,78 Mill. GK., auf die Sanierungsanleihe 320,56 Mill. GK. und auf die neuen Anleihen seither 351,55 Mill. GK.[2]) Für diese Gesamtschulden sind an jährlichen Zinsen und Tilgungsquoten nach dem heutigen Stande etwa 95 Mill. GK. zu bezahlen; dazu kommen noch Zahlungen aus Reparationen, aus den Clearing-Abkommen mit England, Frankreich und Italien und die Zinsengarantie für die STEG-Obligationen, so daß nach dem heutigen Stande im ganzen etwa 120 Mill. GK. jährlich für langfristige Verpflichtungen ins Ausland fließen.

Neben diesen beachtlichen Anleihebeträgen fand ausländisches Kapital in Ungarn auch Anlage durch Aktienbeteiligungen (so bei der

[1]) Vom Juli bis Nov. 1927 kamen hinzu: für die Ärztemission 0,45 Mill. holl. Gulden (= 0,893 Mill. GK.), für die Budapester Israelit. Religionsgemeinde 0,2 Mill. £ (= 4,803 Mill. GK.), für den röm.-kath. Kirchenfond 1,42 Mill. holländische Gulden (= 2,817 Mill. GK.), Pfandbriefe der Britisch-Ungarischen Bank für 1,5 Mill. Dollar (= 7403 Mill. GK.), und 7 prozentige Pfandbriefe des neuen Pfandbriefsyndikats mit 7 Mill. Dollar (= 34,545 Mill. GK.).

[2]) Vgl. den letzten *Bericht des Generalkommissars*, Mai--Juni 1926, S. 7.

Salgótarjáner Kohlenbergwerks A. G., der Pester Ungarischen Commerzialbank und der Ungarischen Allgemeinen Creditbank). Das in Ungarn kurzfristig angelegte Geld wird man mit 150 bis 200 Mill. GK. nicht zu hoch schätzen [1]), sollen doch im Juni 1927 deutsche Banken etwa 34,5 Mill. GK. aus Ungarn zurückgezogen haben.

Man hat verschiedentlich auf die Gefahren hingewiesen, die im Gefolge von Auslandskrediten für das Sanierungswerk zu befürchten seien wegen zu großer Belastung der Zahlungsbilanz. Diesen Befürchtungen können wir nur sehr einschränkend Berechtigung zuerkennen. Daß kurzfristige Kredite bei nicht wirklich liquider Verwendung gefährlich sind, ist deutlich. So dürfte die Hauptursache des Zusammenbruchs des Viktoria Mühlenkonzerns darin zu suchen sein, daß der Leiter Emil Bacher einen kurzfristigen Kredit in Höhe von 1,25 Mill. £ vom Juli 1925 nicht entsprechend verwendete. Langfristige Kredite können in der bezeichneten Weise für die Sanierung gefährlich werden, wenn sie nicht vorsichtig aufgenommen und zweckentsprechend verwendet werden; solange und soweit Kapitalien ertragbringend angelegt werden dermaßen, daß die Belastung für Verzinsung und Tilgung unter der Ertragssumme bleibt, entsteht aus solchen Krediten keine gefährliche Belastung der Zahlungenbilanz. Verluste des Auslandes können allerdings das Vertrauen der Geldgeber erschüttern und so die Wirtschaft des Landes schädigen, weil auch den gesunden Unternehmungen kein Kapital mehr zufließt. Diese sind dann in der Konkurrenz benachteiligt gegenüber Unternehmungen anderer Länder, denen hinreichend billiges Kapital zur Verfügung steht. Das Problem beginnt bei der Entscheidung im Einzelfalle, ob die Anlage auf die Dauer den entsprechenden Ertrag abwerfen wird; das heute zu entscheiden, ist sehr schwierig, man bedenke die Überdimensionierung und den immer ungewissen Geldertrag in der Landwirtschaft. Diese Überlegung ließ auf Seiten der Geldgeber eine große Risikoprämie einrechnen, auf Seiten der Kreditsuchenden Zurückhaltung entstehen; die gleichen Gründe waren gewiß auch leitend bei den Wünschen der ausländischen Geldgeber, die Kredite möchten durch den Staat garantiert werden, während anderseits die Regierung ganz folgerichtig jede solche Garantieübernahme ablehnte. Die möglichen Zahlungsschwierigkeiten bei Fälligkeit der Rückzahlungen könnten eine Teilkrise hervorrufen, nach unseren früheren Ausführungen jedoch können sie die Valutastabilität nicht gefährden, solange die Notenbank dem Umtauschprinzip gebührende Geltung sichert und es hinreichend durchführt.

---

[1]) Besonders die Zuckerindustrie und die Mühlenindustrie konnten größere Campagnekredite im Auslande erhalten, und zwar schon 1924 in London.

Im Zusammenhang mit diesen Kreditfragen wollen wir wegen der Eigenart der Verhältnisse und der Bedeutung für die wirtschaftliche Entwicklung kurz über die Provinzgeldinstitute und die Geldinstituts-Zentrale berichten. Die Provinzgeldinstitute verfügen durchweg nur über ganz geringe eigene Mittel, gewähren aber reichlich Wechselkredit unter Ausnutzung der Rediskontmöglichkeit bei hauptstädtischen Instituten. Für die geringen eigenen Mittel bedeutet dies eine schwere Belastung, die Gefahren in sich schließt, wenn etwa hauptstädtische Institute bei Belebung des Handels sich vom Rediskont von Provinzwechseln mehr zurückziehen. Um so verständlicher ist die Forderung, daß die Provinzinstitute durch Fusionen und Vermehrung der eigenen Mittel ihre Geschäftsgrundlagen verstärken sollen. Wieweit dies anläßlich der Pengőbilanzierung geschehen ist, ist nicht restlos bekannt geworden. Immerhin wurden in den letzten zwei Jahren verschiedene kleine Institute liquidiert bzw. mit anderen fusioniert.

Ähnliche Mißstände wie die hier berührten, nämlich die unkontrollierte Tätigkeit kleiner Geldinstitute mit nur geringen eigenen Mitteln, führten zur Gründung der Geldinstituts-Zentrale durch G. A. XIV: 1916. Auf genossenschaftlicher Grundlage wurde so unter Beteiligung des Staates ein großer Teil der ungarischen Aktienbanken organisiert. Der Zweck der Geldinstituts-Zentrale besteht „in der Wahrnehmung und Förderung der Interessen der auf dem Gebiete Ungarns wirkenden Geldinstitute und in ihrem Wege der Volkswirtschaft, andererseits in der Betreuung der finanziellen und kreditpolitischen Interessen des Staates und schließlich in der Teilnahme an gemeinnützigen Unternehmungen im Auftrage des Finanzministers".[1]) Bei der Gründung selbst hat wohl der staatsfinanzielle Zweck den Hauptanstoß gegeben. Nach dem Kriege entwickelte sich die Geldinstituts-Zentrale mehr und mehr zu einer zentralen Bank, die die Geschäftszweige pflegte, die der Nationalbank untersagt sind: sie gewährte Mitgliederbanken Kredite, diente als Verrechnungsstelle, nahm Effekten in Lombard, rediskontierte Wechsel, die bei der Nationalbank nicht rediskontiert werden konnten, verwaltete die Überschüsse der Postsparkasse und der anderen staatlichen Betriebe, vermittelte staatlichen Kredit an Geldinstitute, Produktionsunternehmungen und an gemeinnützige Einrichtungen wie Wasserschutz- und Flußregulierungsgesellschaften usw. So hatte sich die Geldinstituts-Zentrale nach Lockerung der alten Bestimmungen durch G. A. XXXVII: 1920 zu einer zentralen Bank und Kreditquelle fortgebildet. Im allgemeinen arbeitete sie mit der Nationalbank konform, im einzelnen hatte die Nationalbank allerdings keinen Einblick in die Geschäftsgebarung und

---

[1]) Dazu erster *Wirtschaftsbericht der Geldinstituts-Zentrale* S. 4.

Kreditgewährung der Geldinstituts-Zentrale. Dies schloß die Möglichkeit von Unzuträglichkeiten in sich. Außerdem sollten im Sinne des Sanierungsgesetzes alle staatlichen Gelder, auch die der staatlichen Betriebe, bei der Nationalbank zentralisiert verwaltet werden. So wurde denn der Tätigkeitsbereich der Geldinstituts-Zentrale durch G. A. XIII: 1926 (8. Juni) wieder auf das frühere Ausmaß beschränkt[1]), im wesentlichen also auf die Betätigung als Revisions-, Aufsichts- und Treuhandinstitut.[2]) Als solches prüfte die Geldinstituts-Zentrale von jeher die Lage von in Schwierigkeiten geratenen Geldinstituten und nahm gegebenenfalls die Liquidation von Mitgliedinstituten unter Ausschluß des Konkursverfahrens vor. Diese Befugnis ist seit Juli 1926 dahin erweitert, daß auch die zum Konzern eines Mitgliedinstitutes gehörenden Handels- und Industrieunternehmungen einer gewissen Kontrolle durch die Geldinstituts-Zentrale unterstellt werden und auch bei ihnen das Liquidationsverfahren unter Ausschluß des Konkurses angewendet werden kann. In Ungarn tritt also mehr und mehr an Stelle des langsamen und teuren Konkursverfahrens das raschere und fachgemäß arbeitende Zwangsliquidationsverfahren.[3]) Die Geldinstituts-Zentrale prüft auch die Gebarung öffentlicher Betriebe und beaufsichtigt Unternehmungen, die Staatskredit erhalten haben.

Nach dieser Betrachtung der Wirtschaftsentwicklung in Ungarn versuchen wir klarzulegen, was denn die Sanierung der Wirtschaft überhaupt bedeutet. Gustav Stolper schreibt[4]): „Eine Sanierung der Wirtschaft in demselben Sinne wie eine Sanierung der Staatsfinanzen gibt es nicht. Und niemand, der diese (ebenso einprägsame wie nichtssagende) Formel nachspricht, kann sich darunter irgend etwas Bestimmtes vorstellen . . . Sanierung der Wirtschaft . . . . liegt weitab von der Begriffswelt der kapitalistischen Wirtschaft, die ihre Sanierung ausschließlich ihren eigenen inneren Gesetzen überläßt." Sehen wir näher zu.

Sanierung der Währung und des Staatshaushaltes sind (zunächst und vorübergehend) rein technisch möglich durch entschlossenes menschliches Handeln, durch Tätigwerden der zuständigen Stelle, auf

---

[1]) Dazu *Wirtschaftsbericht der Geldinstituts-Zentrale* 1926, Nr. 3.

[2]) So wurden z. B. 1924 bei 443 Instituten 480 allgemeine Revisionen vorgenommen, 1925 wurden 801 ordentliche Revisionen bei Geldinstituten und 254 andere durchgeführt, zum Teil in behördlichem Auftrag; 1926 entsprechend 791 bzw. 120 Revisionen. Im ersten Halbjahr 1925 — für die andere Zeit ist nicht berichtet worden — gerieten 24 kleinere Geldinstitute in Zahlungsschwierigkeiten, bei 10 wurde durch die stille Liquidierung der Konkurs vermieden; an 12 Budapester und 3 Provinzgeldinstitute wurden Stützungskredite gewährt.

[3]) Vgl. S. 50.

[4]) In einem Artikel: Die Expertise im *Österreich. Volkswirt*, 4. Juli 1925, S. 1097.

deren Tätigwerden Währung und Staatshaushalt überhaupt zurückzuführen sind. An diese „Sanierung" als Tätigwerden reiht sich der Entwicklungsvorgang „Sanierung" als Folge und Wirkung. Ist die Tätigkeit von Erfolg begleitet, so ist der Zustand der „Saniertheit" erreicht. Das Wirtschaftsleben als Gesamterscheinung wird nicht von einer zuständigen Stelle aus gelenkt (wir betrachten hier nicht eine staatliche Planwirtschaft und auch nicht eine kommunistisch-bolschewistische Staatswirtschaft), sondern entwickelt sich vielmehr selbst unter den „ihm eigenen" Gesetzen. Bei einer Änderung der Verhältnisse, der Voraussetzungen des Wirtschaftens, erzwingen diese „wirtschaftlichen Gesetze" die Anpassung des Wirtschaftslebens (Sanierung als Entwicklungsvorgang; die Erscheinung der Krise) und bringen so den gesunden Zustand, „Saniertheit" der Wirtschaft. Die Sanierung als Tätigwerden ist hier nur scheinbar ausgeschlossen: die dem Wirtschaftsleben eigenen Gesetze gehen auf das Ertragsstreben der einzelnen Wirtschaftssubjekte zurück, die Anpassung beginnt bei den Einzelwirtschaften, geht hier auf den (freiwilligen oder erzwungenen) Willensentschluß, das Tätigwerden der einzelnen Unternehmer zurück und tritt unter Umständen offen in Erscheinung als Sanierung im privatwirtschaftlichen Sinne. Die Krisenerscheinungen sind die äußeren Anzeichen dieses Anpassungsprozesses der privaten Wirtschaften an die neuen Verhältnisse. Das Ziel „Saniertheit" der privaten Wirtschaften als Zustand ist erreicht, wenn die einzelnen Wirtschaften bei normaler durchschnittlicher Entwicklung — also bei normalem Geschäftsgange im Standortsbereiche des betreffenden Unternehmens — Ertrag erzielen, der im zeitlichen Durchschnitt nicht dauernd unter den tauschwirtschaftlichen Grenzertrag fallen kann; dabei muß auch für den schlechtest entlohnten Arbeiter zum mindesten ein menschenwürdiges Dasein gesichert sein. Dies ist dann die gesunde Wirtschaft. Wir finden also, daß wir es mit einem genauen Parallelismus zu tun haben bei Sanierung von Währung und Staatsfinanzen einerseits und Sanierung der Wirtschaft anderseits. Was die Wesensverschiedenheit ausmacht, liegt nicht in der Sanierung begründet, sondern im Objekte; man kann unter dem Gesichtspunkt der Sanierung nicht einfachhin Währung und Staatsfinanzen der Wirtschaft als Gesamterscheinung gegenüberstellen, sondern nur der Einzelwirtschaft; das Wirtschaftsleben kennt nicht einen tätigen Willen, der regelnd eingreift, es gibt hierfür nicht eine zuständige Stelle, wie dies bei Währung und Staatsfinanzen der Fall ist, wohl aber gibt es die Entsprechung dazu bei der Einzelwirtschaft im ertragsstrebenden Unternehmer. So betrachten wir die Sanierungskrise als die äußeren Erscheinungen des Anpassungsprozesses der Wirtschaft, der damit abschließen soll, daß die Wirtschaft dauernd Ertrag erzielt.

Ergebnisse und Ausblick.

Die Ergebnisse der Untersuchungen zusammenfassend, kann die Währungssanierung (stabile Valuta) als gesichert betrachtet werden; die Staatsfinanzen zeigen ein ausgeglichenes Budget und wir können sie also als saniert bezeichnen mit der wichtigen Einschränkung, daß vom finanzpolitischen Standpunkte aus noch Mängel zu beseitigen sind, in den Ausgaben durch entsprechende Verwaltungsreform, in den Einnahmen durch billigere Verteilung der Steuerlasten und Entfernung unnötiger Härten der Besteuerung. Demgegenüber kann nicht abschließend entschieden werden, ob die Gesamtsanierung erfolgreich sein wird oder nicht, solange nicht die Stabilität des gesamten Wirtschaftslebens erreicht worden ist.

Im Anschlusse an unsere Ausführungen über die Sanierung und besonders über die Sanierung der Wirtschaft wollen wir hier die Beziehungen aufweisen, die zwischen der Sanierung der Währung, der Staatsfinanzen und der Wirtschaft bestehen.

Das Ziel der Währungssanierung ist die Stabilität des Geldwertes, die technisch erreichbar ist, sobald der Staat jeglicher Inflationswirtschaft entsagt, bei strengen Grundsätzen der Geldschöpfung und gegebenenfalls mit Hilfe von speziellen oder virtuellen Stabilisierungskrediten. Die Finanzsanierung bezweckt die Budgetbalancierung; sobald der Staat nicht mehr die Inflationsmaschine als Einnahmequelle benutzt, schwinden auch nicht mehr die tatsächlichen Einnahmen fortwährend dahin; der Staat muß aus wirklichen Einkünften seine Ausgaben bestreiten, unter Umständen mit Hilfe ausländischer Kredite. So werden geordnete Staatsfinanzen (ein ausgeglichener Staatshaushalt) zur Grundvoraussetzung der Valutastabilisierung, beide sind eng miteinander verbunden. Ausgeglichener Staatshaushalt und stabile Valuta sind zum Beginne durch entsprechende entschlossene Maßnahmen rein technisch erreichbar, wir möchten sagen, Staatsfinanzen und Währung sind zunächst „labil saniert". Die Anpassung der Wirtschaft an die neuen Verhältnisse ist erst möglich, wenn sie an einem stabilen Gelde Maß und Rückhalt hat und die Belastung durch Abgaben an den Staat wenigstens annähernd kennt. Die endgültige „stabile" Sanierung ist erst erreicht, wenn die gesunde Wirtschaft die feste Stütze bildet; letztlich muß ja der Staatsbedarf in vollem Umfange aus den Einkommen der Wirtschaftssubjekte, mittelbar aus den Erträgnissen der Wirtschaft bestritten werden. Dieser enge Zusammenhang zwischen Staatsfinanzen, Währung und Wirtschaft erklärt und rechtfertigt, daß man ganz allgemein von „Sanierung" spricht und dabei Staatsfinanzen, Währung und Wirtschaft als verknüpftes Ganzes im Auge hat.

Die Sanierung in Ungarn wird allgemein als Sanierung durch den Völkerbund, als „Völkerbundssanierung" bezeichnet. Wieweit diese Bezeichnung berechtigt ist, wollen wir noch nicht prüfen, wir nehmen sie für die folgenden Ausführungen hin. An den Vorbereitungen hat der Völkerbund tätigen Anteil genommen und die Kritik am Sanierungsplane wandte sich oft gegen den Völkerbund. Als besonderer Mangel im Plane und Fehler der ganzen Sanierung wurde geltend gemacht, daß alles aufgeboten wird, um die Gesundung der Staatsfinanzen und der Währung zu erreichen, ohne jede Rücksichtnahme auf die Entwicklung der Wirtschaft. Wie aus dem Berichte des Finanzkomitees des Völkerbundes hervorgeht, wollte der Völkerbund gar nicht mehr als die finanzielle Sanierung („Reconstruction financière de la Hongrie"), wollte er nur „die nötige Grundlage schaffen, auf der der wirtschaftliche Wiederaufbau Ungarns ausgeführt werden kann".[1]) Wir gehen noch weiter und behaupten, daß der Völkerbund gar nicht mehr planen und tun konnte. Der Anpassungsprozeß der Wirtschaft kann allerdings von der Regierung, von einer „Stelle" gefördert oder gehemmt werden (wir denken an die allgemeine Rechtsgestaltung, die Steuerpolitik, die Handelspolitik und dergleichen) und insofern besteht auch eine beschränkte Möglichkeit der Einflußnahme auf die Sanierung der Wirtschaft. Im Berichte des Finanzkomitees sind entsprechende empfehlende Bemerkungen enthalten. Soweit sich diese in Vorschlägen zur Befreiung der Wirtschaft von unnötigen Fesseln erschöpfen, kann man ohne weiteres folgen; Bedenken tauchen schon bei den Bemerkungen zur Industrieförderung auf; weiter wird „wirtschaftliche Anpassung" („ajustement économique") zur Erreichung einer günstigen Handelsbilanz als notwendig erachtet; sind damit staatliche Maßnahmen gemeint, so wollen wir zwar die Möglichkeit der Einflußnahme nicht völlig bestreiten, jedoch geltend machen, daß sich diese Einflußnahme einfach auf die Stabilerhaltung der Valuta zu erstrecken hat; denn der Außenverkehr als Ausfluß der lebendigen Wirtschaft, der wirtschaftlichen Tätigkeit muß ebenso sich selbst überlassen bleiben wie der gesamte Anpassungsprozeß („Sanierung") der Wirtschaft.

Die Sanierungsanleihe kann auch nicht, wie es in einigen Polemiken geschah, als überflüssig betrachtet werden; von einer guten Ernte denselben Ertrag erwarten, ist eine gewagte Spekulation; und die Regelung und Beschränkung der Reparationsleistungen wäre ohne diese internationale Regelung kaum erzielt worden. Die Anleihe mit ihren Sicherungen, vor allem der ständigen Kontrolle durch einen Gewährsmann des Völkerbundes, stärkte das Vertrauen des Auslandes, ohne das eine goldene Hilfe für das kapitalarme Ungarn nicht oder nur mit noch größeren Schwierigkeiten zu erlangen gewesen wäre.

[1]) *Reconstruction financière de la Hongrie* S. 13.

Und ohne die viel verurteilte Kontrolle keine Anleihe. Mehr noch: die drückenden Maßnahmen der Regierung zur Wiederherstellung des Budgetgleichgewichtes waren vielleicht nur deshalb durchzusetzen und durchzuführen, weil die Regierung auf die Bindung durch Staatsvertrag und die ständige Kontrolle verweisen konnte, die ein Abweichen von der vorgezeichneten Bahn nicht zulasse.

Im Hinblick auf das Wesentliche (Einzelheiten könnten gewiß auch eine andere Regelung erfahren) war der Weg, den der Völkerbundsplan vorzeichnete, der einzig gangbare, der die Erreichung des Zieles, den wirtschaftlichen Wiederaufbau Ungarns, mit großer Wahrscheinlichkeit in Aussicht stellte. Darin liegt eine Anerkennung der Arbeit des Völkerbundes.

Der Völkerbund wurde jedoch nicht aus sich heraus tätig, es bedurfte des Anstoßes zunächst durch Ungarn, dann aber entscheidend durch die Wiedergutmachungskommission (17. Oktober 1923). Die Fortdauer der Inflationsverhältnisse war den Landesbewohnern nicht erwünscht; wohlverstandene, die eigenen Interessen sehr wohl wahrnehmende Nächstenliebe der interessierten Mächte reichte die Hand zum Wiederaufbau, der Völkerbund war willkommene Mittlerstelle; alle Verhandlungen und Vorarbeiten wären weit schwieriger gewesen, hätten sich erst die einzelnen Staaten dazu zusammenfinden und einigen müssen. Wie im wesentlichen genau dasselbe durchgeführt wird ohne den Völkerbund, zeigten die Vorbereitung und Durchführung des Dawes-Gutachtens in Deutschland. Die große Sorge „Deutschland" wollten die Mächte unmittelbar auf sich nehmen und beaufsichtigen, gerne aber die kleine Sorge „Ungarn" einer gewissermaßen neutralen Mittlerstelle zur Abwicklung überlassen. Neben wirtschaftlichen Gründen spielten hier gewiß auch politische mit. Wir können also von Sanierung durch den Völkerbund nicht in dem Sinne sprechen, als ob dem Völkerbunde, seinem Eingreifen und seiner Entscheidung die Sanierung zu danken wäre, sehr wohl und berechtigt aber in dem Sinne, daß der Völkerbund die vorbereitende und überwachende Mittlerstelle darstellt. Die Tätigkeit des Völkerbundes kann nicht weiter gehen als seine Kräfte reichen, als die Macht, die ihm zugestanden wurde in einem ihm zugewiesenen Arbeitsgebiete.

Die Besprechung des Anteils des Völkerbundes an der Sanierung führt uns unmittelbar dazu, zu untersuchen, als was sich die Sanierung wirtschaftlich darstellt.

Man könnte die ganze Sanierungsaktion sehr wohl hinstellen als eine mit allen erdenklichen Sicherungen umgebene Staatsanleihe zum Zwecke der Ordnung des Staatshaushaltes. Im Völkerbundsplane scheint diese Betrachtungsweise der Anleihegläubiger tatsächlich zu überwiegen. Eine solche Betrachtung, die nur eine Beziehung zum

Auslande festhält, wird der Sachlage nicht gerecht, weil es sich darum handelt, die Sanierung als Gesamtvorgang für die ungarische Wirtschaft zu erklären. Wir betrachten die Sanierung unter dem anderen Gesichtspunkte der Wirtschaft des Landes und wollen unter diesem Gesichtspunkte das Wesen der Sanierung erfassen.

Bekannt ist die Bedeutung des Wortes Sanierung in bezug auf ein privates Erwerbsunternehmen: mit dem Ziele der Rentabilitätssteigerung findet ein bewußtes, planmäßiges Eingreifen durch Gestaltung der finanziellen Grundlagen statt, das Erfolg verspricht.

Bei Betrachtung der Gesamtwirtschaft eines Landes (der Volkswirtschaft) wird dieser Gesichtspunkt des Eingreifens in die finanziellen Grundlagen vernachlässigt bzw. ausgeschaltet werden müssen, wesentlich bleibt, daß die Erwerbswirtschaften einen Ertrag erzielen, doch bleibt es offen, in welcher Richtung diese Ertragserzielung bzw. Rentabilitätssteigerung durch Eingreifen ermöglicht wird. Ein bewußtes, planmäßiges Eingreifen, das unmittelbar Erfolg verspricht, muß auch hier stattfinden, soll man von Sanierung sprechen können. Im Sprachgebrauche wird nicht nur dieses Eingreifen als Ganzes mit Sanierung bezeichnet, sondern auch die daraus sich ergebende Entwicklung. Wir bezeichnen deshalb als Sanierung eines Landes die Herbeiführung des und die Entwicklung zu dem wirtschaftlichen Zustande eines Landes, bei dem die Erwerbswirtschaften dieses Landes Ertrag erzielen und die Zahl der Erwerbslosen (also derer, die an der Ausübung ihrer Erwerbstätigkeit dadurch gehindert sind, daß sie keine Arbeit erlangen können) nicht dauernd eine bestimmte, verhältnismäßig kleine Zahl überschreitet.

Dabei umfaßt der Begriff „wirtschaftlicher Zustand" eines Landes die Grundlagen, Bedingungen und Art und Umfang der Ausübung der wirtschaftlichen Tätigkeit in diesem Lande. Die Grundlagen, die natürlichen Hilfsmittel für die wirtschaftliche Tätigkeit, stehen praktisch unverrückbar fest; die Bedingungen für die wirtschaftliche Tätigkeit unterliegen der Beeinflussung durch den Staat (die rechtliche Gestaltung, etwa Zölle, Steuern und dergleichen); auch das Geld zählen wir zu den Bedingungen, weil es der Beeinflussung durch den Staat nicht entzogen ist, doch wird eine ganz bestimmte Gestaltung dieser Bedingung zur notwendigen Voraussetzung für die wirtschaftliche Tätigkeit in unserer Zeit, so daß das Geld stark den Charakter einer Grundlage erhält; Art und Umfang der Ausübung der wirtschaftlichen Tätigkeit im Rahmen der Grundlagen und Bedingungen werden vom Einzelwirtschafter bestimmt, es sind die Fragen der Organisation und Technik (der „Wirtschaftstechnik"), die den Einzelwirtschafter beschäftigen und über die er entscheidet unter dem Gesichtspunkte der dauernden Rentabilität. (Mögliche andere Gesichtspunkte für eine

Entscheidung müssen hier ausscheiden.) Bei der Sanierung findet nun ein bewußtes, planmäßiges Eingreifen in diesen wirtschaftlichen Zustand statt mit dem Ziele, ihn so zu gestalten, daß die Erwerbswirtschaften Ertrag erzielen und die Zahl der Erwerbslosen dauernd möglichst gering sei und überhaupt ein bestimmtes Ausmaß nicht überschreite.

Die Ausübung der wirtschaftlichen Tätigkeit bleibt nach Art und Umfang dem einzelnen Wirtschaftssubjekte überlassen. Im Rahmen der gegebenen Grundlagen und Bedingungen übt der einzelne Wirtschafter seine Wirtschaftstätigkeit so aus, daß er größtmöglichen Gesamtertrag erzielt. Jede Einzelwirtschaft entscheidet nur unter dem Gesichtspunkte des eigenen Ertrages, dieser Entscheidung kommt aber große Bedeutung für die Sanierung zu, denn führt dieses Einzelstreben zum Ziele (Ertrag) bei — praktisch — allen Einzelwirtschaften, so sagen wir, daß die Wirtschaft gesund ist. So ist die Sanierung weitgehend bedingt durch die zuversichtliche Entschlossenheit und Tatkraft der einzelnen Erwerbsunternehmer und Erwerbstätigen; sie müssen sich den geänderten Verhältnissen anpassen, sich in den neuen Rahmen einfügen. Hier liegt das entscheidende Problem der Sanierung; dieser Punkt entzieht sich einer autoritativen Regelung, nur durch Änderung von Bedingungen kann der Staat auf den Anpassungsprozeß Einfluß gewinnen. Ob die Anpassung mit oder ohne privatwirtschaftliche Sanierung möglich ist, ist in diesem Zusammenhange gleichgültig; ob der Staat in einzelnen Fällen besondere Hilfe leistet zur Ermöglichung, Erleichterung oder Beschleunigung der Anpassung bestimmter Einzelwirtschaften (Sonderkredite; besondere Gestaltung der Bedingungen etwa durch Schutzzölle und dergleichen), ändert das Problem grundsätzlich nicht.

Wir müssen nun den ganz allgemeinen Begriff „Sanierung" eines Landes weitergehend verengern, um zu dem Begriffe zu gelangen, der dem Sprachgebrauche zugrunde liegt, wenn man heute von der Sanierung eines Landes, der Sanierung Ungarns, der Sanierung Österreichs usw. spricht; gedanklich verbindet man damit sogleich ein Eingreifen des Staates und eine Auslandsanleihe.

So kommen wir dazu, als Sanierung eines Landes zu bezeichnen die Herbeiführung des und die Entwicklung zu dem wirtschaftlichen Zustande eines Landes, bei dem die Erwerbswirtschaften dieses Landes Ertrag erzielen und die Zahl der Erwerbslosen nicht dauernd eine bestimmte, verhältnismäßig kleine Zahl überschreitet, wobei nach einer Periode der Inflation und der eigenmächtigen Geldschöpfung für den Fiskus staatliche Maßnahmen, regelmäßig unter Heranziehung ausländischer Hilfsmittel, die entscheidende Grundbedingung schaffen — wertstabiles Geld durch Devalvation, Ausgleichung des Staatshaushaltes und entsprechende Regelung des Geldwesens mittels der Einrichtung einer Notenbank — und die wirtschaftliche Tätigkeit erleichtern durch möglichst geringe Besteuerung, überhaupt entsprechende Wirtschaftspolitik, vor allem Handels- und Verkehrspolitik.[1])

Bleibt die Frage, ob wir in der Sanierung eine neue wirtschaftliche Erscheinung vor uns haben oder wie weit sie neu ist. In der Finanz- und Wirtschaftsgeschichte finden wir nicht selten wirtschaftliche Erscheinungen, die mit den hier dargestellten große Ähnlichkeiten aufweisen; deutliche Beispiele zeigt die Währungs- und Finanzgeschichte Österreichs, die Pesostabilisierung in Argentinien ist hierher zu setzen und ähnliche. Wir sehen: auf eine Periode der Inflation und staatlichen Geldschöpfung folgt Ausgleichung des Staatshaushaltes aus ordentlichen Einkünften (zuweilen nach einem Staatsbankrott), regelmäßig in Verbindung mit einer Devalvation die Geldwertstabilisierung, die technisch im einzelnen verschieden durchgeführt wird, überall jedoch eine Art der Valutastabilisierung darstellt. Die wesentlichen Punkte finden wir auch heute bei einer Sanierung; Einzelheiten sind verschieden geregelt, zeigen aber auch heute in den verschiedenen Staaten Unterschiede, so etwa die Notwendigkeit von Staatsanleihen für die Ausgleichung des Staatshaushaltes, wobei die Sicherungsmaßnahmen für die Geldgeber sehr verschieden sind von der stärksten Sicherung durch Aufstellung eines Normalbudgets und durch Kontrolle der gesamten Staatsgebarung (Völkerbundskontrolle) in Verbindung mit Verpfändung bestimmter Einnahmen bis zum Fehlen spezieller Sicherungen überhaupt. Einen wesentlichen Unterschied können wir darin nicht erblicken, dies ist schließlich eine Frage wirtschaftlichen Vertrauens und politischer Macht im Einzelfalle. Also haben wir im wesentlichen dieselben Erscheinungen wie schon früher in manchen Fällen, verschärft durch die politischen Umwälzungen mit ihren Verschiebungen der wirtschaftlichen Grundlagen für die Staaten und die Einzelwirtschaften. Was führt nun dazu, dieses aus der Privatwirtschaft entliehene Wort für die Kennzeichnung des hier bestimmten

[1]) Spricht man von „Sanierung der Währung" und „Sanierung der Staatsfinanzen", so bezeichnet man damit kurz die Stabilisierung des Geldwertes und die Ausgleichung des Staatshaushaltes unter Verzicht auf eigenmächtige Geldschöpfung durch den Fiskus bei möglichster Milderung der Steuerlasten. Hier wird eine bestimmte Gestaltung von Währung und Staatshaushalt als dem Wesen gemäß beste betrachtet und erstrebt: es ist die für die Sanierung der Wirtschaft zweckmäßige Gestaltung von Währung und Staatshaushalt. Von einer Sanierung der Handelsbilanz oder der Zahlungsbilanz zu sprechen, ist demgegenüber nicht möglich, weil nicht eindeutig zu bestimmen ist, welche Gestaltung als gesund zu betrachten ist, und weil eine unmittelbare Beeinflussung durch eine Stelle oder ein Wirtschaftssubjekt nicht möglich ist.

Vorgangs zu verwenden und ihm auf diese Weise einen neuen Sinn zu geben? Mitgewirkt haben mag, daß das planmäßige Eingreifen besonders deutlich war und das Ausmaß der Schädigungen infolge der vorgegangenen Veränderungen besonders kraß die Notwendigkeit einer Änderung dieses Zustandes zeigte; unseres Erachtens hat sich jedoch hinsichtlich des Wortes „Sanierung" durch die wirtschaftlichen Erkenntnisse der Nachkriegszeit ein Bedeutungswandel vollzogen. Die Erscheinung, die mit „Sanierung" gekennzeichnet werden will, umfaßt nicht nur Staatsfinanzen und Währung, sondern die Gesamtwirtschaft eines Landes. Die Untersuchung eines Sanierungsverlaufs beurteilt dementsprechend alle Maßnahmen in ihrer Bedeutung für die Gesamtwirtschaft eines Landes, die somit im Mittelpunkt der Betrachtungen steht, wenn auch beim heutigen Stande der Wirtschaftswissenschaft nicht alle Beziehungen klargestellt werden können und die Wirksamkeit eines planmäßigen Eingreifens nicht genau bestimmbar zu sein scheint.

Bemerkungen zur Schlußtabelle.

Nach den neuesten Berichtigungen betrug die Gesamteinfuhr 1927 im Januar 74,1, im Februar 79,2, die Ausfuhr im Februar 54,9, im Mai 61,1 mill. P.

Im Eisenbahnverkehr sind die Angaben über die Gütertonnenkilometer berichtigt; für 1926 Juli bis Dezember (in 1000):

213 391
244 155
268 957
318 735
301 154
220 175.

Der (vorläufige) Monatsdurchschnitt 1926 lautet demgemäß: 218 219.

Tabelle 3

Sanierungsbudget.

Ausgaben		1924/25 1. Halbjahr	1924/25 2. Halbjahr	1925/26 1 Halbjahr	1925/26 2. Halbjahr	1926/27 1. Halbjahr
		In Millionen Goldkronen				
Schuldendienst.		18,8	20,7	29,1	26,5	32,8
Friedensvertragl. Verpflichtg.		3,5	3,5	3,5	3,5	3,0
Heeresausgaben	persönl.	13,25	16,25	16,25	16,25	16,25
	andere	21,15	21,15	18,55	18,55	18,50
Ausgaben für das Innenministerium	persönl.	14,85	17,4	15,95	15,65	15,35
	andere	3,5	3,5	3,15	3,15	2,95
Ausgaben für das Finanzministerium	persönl.	10,75	12,5	12,55	12,4	11,7
	andere	4,5	4,5	3,975	4,275	4,025
Ausgaben für das Unterrichtsminist.	persönl.	13,75	16,3	16,6	16,65	16,35
	andere	3,75	3,75	3,375	3,375	3,225
Ausgaben für andere Verwaltungszweige	persönl.	17,4	20,1	20,2	19,85	19,45
	andere	9,2	9,2	7,95	7,95	7,1
Beihilfe für Selbstverwaltung		10,1	10,1	10,1	10,2	10,2
Ruhegehälter		25,3	30,4	30,45	31,45	31,8
Sachausgaben		6,0	6,0	6,0	6,0	6,0
Summe		175,8	195,35	197,7	195,75	198,7
Eisenbahntransportabgabe		3,5	3,5	4,0	4,0	5,2
Bleiben		172,3	191,85	193,7	191,75	193,5
Fehlbeträge staatl. Betriebe		14,0	16,0	12,0	13,0	—
Gesamtsumme der Ausgaben		186,3	207,85	205,7	204,75	193,5
Gesamtsumme der Einnahmen		143,8	150,35	175,5	184,95	200,0
Fehlbetrag (oder Überschuß)		—42,5	—57,5	—30,2	—19,8	+6,5

Einnahmen		1924/25 . Halbjahr	1924/25 2. Halbjahr	1925/26 1. Halbjahr	1925/26 2. Halbjahr	1926/27 1. Halbjahr
		In Millionen Goldkronen				
Direkte Steuern	Grundsteuer	16,5	16,5	16,5	16,5	16,5
	Gebäudesteuer	0,55	4,05	4,05	9,8	10,0
	Mitgewinn an Häusererträgen	5,15	9,25	13,55	19,1	17,5
	Gesellschaftssteuer . .	2,6	2,0	3,8	3,55	4,0
	Vermögens- u. Einkommensteuern	20,0	18,0	28,0	25,0	30,0
	Summe	44,8	49,8	65,9	73,95	78,0
Umsatzsteuer		40,0	40,0	33,0	32,0	32,5
Gebühren		15,0	15,35	20,0	22,0	24,0
Verbrauchssteuer		15,5	15,5	20,5	21,0	23,5
Zölle		11,0	12,5	16,0	16,0	20,0
Sacharin- u. Lotteriemonopol		0,2	0,2	0,3	0,3	0,5
Salzmonopol (Netto)		4,8	4,0	5,3	4,2	5,25
Tabakregie (Netto)		12,5	13,0	14,5	15,5	16,25
Gesamtsumme der Einnahmen		143,8	150,35	175,5	184,95	200,0

Tabelle 4

Die Voranschläge für 1924/25 und 1925/26.[1])

Posten	Brutto-Betrag 1924/25	% 1924/25	Brutto-Betrag 1925/26	% 1925/26	Ruhegehälter 1924/25	Ruhegehälter 1925/26	Investitionen 1924/25	Investitionen 1925/26	Netto-Betrag 1924/25	Netto-Betrag 1925/26	Ausgaben netto nach Sanierungsbudget 1924/25	Ausgaben netto nach Sanierungsbudget 1925/26	Einnahmen 1924/25	Einnahmen 1925/26
Schuldendienst	56,63	12,1	70,79	12,3	—	—	—	—	47,63	56,37	39,50	55,60	9,00	14,42
Friedensvertragliche Verpflichtung	7,00	1,5	8,00	1,4	—	—	—	—	7,00	8,00	7,00	7,00	—	—
Ministerien:														
Heer	76,37	16,3	92,65	16,1	18,79	18,44	—	—	57,32	65,61	71,80	69,60	0,26	0,30
Inneres	66,40	14,2	77,80	13,5	8,40	9,63	0,38	1,00	46,35	56,26	39,25	37,90	1,01	1,46
Finanzen	87,21	18,7	105,21	18,2	8,10	9,48	1,10	1,76	32,10	37,08	32,25	33,20	360,48	553,58
Kultus und Unterricht	69,29	14,8	83,99	14,6	7,39	9,08	2,28	3,58	34,63	39,87	37,55	40,00	4,19	9,33
Ackerbau	16,50	3,5	20,59	3,6	2,57	3,50	0,88	2,04	9,88				3,17	4,19
Handel	13,27	2,8	18,92	3,3	1,53	2,30	1,22	2,52	8,69				1,82	3,83
Volkswohlfahrt und Arbeit	28,41	6,1	44,06	7,7	4,82	0,66	2,18	0,47	16,07				5,35	21,57
Justiz	30,79	6,6	38,44	6,7	7,31	10,36	0,36	0,42	22,53				0,59	1,48
Äußeres	6,09	1,3	6,76	1,2	0,16	0,26	—	0,22	4,00				1,94	2,65
Präsidium	5,40	1,2	2,12	0,4	} 0,83	0,37	3,60	—	} 5,35					0,03
Übrige Verwaltung	4,47	0,9	6,08	1,0		0,69				} 79,31	} 55,90	} 55,95	0,09	0,12
davon:														
Reichsverweser (Zivilliste)	0,05		0,08	0,01		—		—						
Reichsverweseramt	1,13		1,39	0,2		0,12		—					0,08	0,10
Nationalversammlung	1,90		2,81	0,5		0,19		—					0,01	0,01
Oberst. Staatsrechnungshof	0,41		0,50	0,1		0,17		—					—	—
Staatsverwaltungsgerichtshof	0,52		0,64	0,1		0,19		—					.	—
Bodenregulierungskommission	0,46		0,65	0,1		0,01		—					—	—
Summe	467,82	100,0	575,38	100,0	59,92	64,76	12,00	12,00	291,54	342,49	283,25	299,25		

	Netto-Betrag 1924/25	Netto-Betrag 1925/26	Ausgaben netto nach Sanierungsbudget 1924/25	Ausgaben netto nach Sanierungsbudget 1925/26	Einnahmen 1924/25	Einnahmen 1925/26
Ruhegehälter	59,92	64,76	55,70	61,90		
Beiträge an Selbstverwaltung	31,05	31,59	20,20	20,30		
Investitionen	12,00	12,00	12,00	12,00		
Fehlbeträge staatl. Betr.	20,00	10,00	30,00	25,00		
Summe	414,50	460,85	401,15	418,45		
·/. Eisenbahntransportabgabe	7,00	9,30	7,00	8,00		
Gesamtsumme der Nettoausgab. bzw. -einnahm.	407,50	451,55	394,15	410,45	387,89	612,94

Ausgabengliederung in Prozenten der Bruttoausgaben

Posten	Personal-Ausgaben 1924/25	Personal-Ausgaben 1925/26	Schuldendienst 1924/25	Schuldendienst 1925/26	Andere Ausgaben 1924/25	Andere Ausgaben 1925/26
Staatliche Hoheitsverwaltung	55,3	50,1	12,1	12,3	32,6	37,6
Staatseisenbahnen	42,7	42,9	1,4	2,2	55,9	54,9
Andere staatl. Betriebe	40,0	38,8	—	—	60,0	61,2
Summe d. Staatsausgab.	50,2	43,5	7,9	8,1	41,9	48,4

[1]) Angaben in Mill. GK, für 1925/26 aus den Angaben in PK umgerechnet, 1 GK = 14 500 PK.

Tabelle 5

Einnahmengestaltung.

Einnahmenquelle	Nettoeinnahmen Sanierungsbudget		Einnahmen für 1924/25: nach dem Goldbudget			Monatsvoranschläge		Vorläufige Ergebnisse	
	Mill. GK	%	Brutto Mill. GK	Netto Mill. GK	Netto %	Netto Mill. GK	%	Netto Mill. GK	%
Ressorteinnahmen	—	—	31,66	—	—	—	—	—	—
Direkte Steuern	94,60	32,1	94,73	94,73	30,8	86,62	22,6	93,1	17,6
Umsatzsteuer	} 110,35	} 37,5	80,00	80,00	26,0	106,30	27,8	157,8	29,7
Gebühren			37,10	30,10	9,8	40,84	10,7	59,9	11,3
Verbrauchssteuern	31,00	10,6	31,00	31,00	10,1	45,00	11,7	57,8	10,9
Zölle	23,50	8,0	36,08	29,86	9,7	60,21	15,7	104,8	19,8
Sacharin- und Lottomonopol	0,40	0,1	0,39	0,39	0,1	0,48	0,1	0,4	0,1
Salzmonopol	8,80	3,0	14,84	9,34	3,0	9,02	2,4	ca. 10,0	2,0
Tabakregie	25,50	8,7	62,10	31,95	10,4	34,61	9,0	ca. 45,0	8,5
Summe	294,15	100,0	387,89	307,35	100,0	383,10	100,0	528,8	100,0

Einnahmenquelle	Nettoeinnahmen Sanierungsbudget		Einnahmen für 1925/26: nach dem Papierbudget			Monatsvoranschläge		Vorläufige Ergebnisse 1. Halbjahr	
	Mill. GK	%	Brutto Mill. GK	Netto Mill. GK	Netto %	Netto Mill. GK	%	Netto Mill. GK	%
Ressorteinnahmen	—	—	63,57	—	—	—	—	—	—
Direkte Steuern	139,85	38,8	127,70	127,70	26,2	122,08	23,7	83,7	27,0
Umsatzsteuer	65,00	18,0	103,60	103,60	21,3	116,28	22,6	63,3	20,4
Gebühren	42,00	11,7	61,80	52,50	10,8	58,56	11,4	31,8	10,3
Verbrauchssteuern	41,50	11,5	55,20	55,20	11,3	60,26	11,7	41,6	13,4
Zölle	32,00	8,9	85,83	85,80	17,6	92,42	17,9	52,3	16,9
Sacharin- und Lottomonopol	0,60	0,2	0,60	0,60	0,1	0,32	0,1	0,3	0,1
Salzmonopol	9,50	2,6	16,86	11,20	2,3	11,29	2,2	ca. 9,8	3,2
Tabakregie	30,00	8,3	97,78	50,80	10,4	54,16	10,5	ca. 27,2	8,8
Summe	360,45	100,0	612,94	487,40	100,0	515,36	100,0	310,0	100,0

Tabelle 6

Übersicht über den Staatshaushalt.

Zeit	1924/25 Einnahmen Brutto Voranschlag Mill. GK	Ergebnis Milliard. PK	Ergebnis Mill. GK	Einnahmen Netto	Ausgaben Brutto	Ausgaben Netto	1925/26 Einnahmen Brutto Voranschlag Mill. GK	Ergebnis Milliard. PK	Ergebnis Mill. GK	Einnahmen Netto	Ausgaben Brutto	Ausgaben Netto
				Voranschlag Mill. GK						Voranschlag Mill. GK		
Juli	23,87	406,2	23,0	18,69	35,74	30,56	42,63	546,6	37,7	35,98	52,02	45,37
August	28,87	590,4	34,7	22,97	38,99	33,83	51,70	793,7	54,7	44,34	53,24	45,87
September	30,85	602,3	35,4	25,54	41,28	36,74	49,69	858,7	59,2	43,62	50,30	44,24
Oktober	33,72	696,7	40,9	27,88	39,05	33,73	48,41	855,1	58,9	44,04	40,05	35,67
November	40,67	927,9	54,5	35,01	39,42	34,06	56,74	1144,0	78,9	45,81	53,40	42,47
Dezember	48,62	894,9	52,6	40,82	39,51	36,69	53,46	989,7	68,2	41,78	51,34	39,66
Summe	206,60	4118,4	241,1	170,91	233,99	205,61	302,63	5187,8	357,6	255,57	300,35	253,28
Januar	46,51	1043,7	61,3	36,65	40,54	34,82	49,89	824,7	56,8	40,89	55,78	46,78
Februar	47,13	928,3	54,6	41,28	40,40	39,85	57,03	872,0	60,1	45,47	58,19	46,63
März	45,42	766,7	45,1	38,08	43,20	37,88	48,36	738,4	50,9	39,34	48,29	39,28
April	38,50	669,4	39,3	34,50	36,14	36,12	48,61	642,7	44,3	43,24	48,23	42,86
Mai	40,09	799,1	47,0	35,78	41,25	38,46	57,85	942,2	64,9	51,24	54,43	47,82
Juni	37,18	644,4	37,9	25,90	41,69	30,74	50,11	687,8	47,4	39,60	50,04	39,53
Summe	254,83	4851,6	285,2	212,19	243,22	217,87	311,85	4707,8	324,4	259,78	314,96	262,90
Gesamt-Se.	461,43	8970,0	526,3	383,10	477,21	423,48	614,48	9895,6	682,0	515,35	615,31	516,18

Tabelle 7

Gliederung der Einnahmen und Ausgaben.

Netto-Einnahmen in Millionen Goldkronen	Direkte Steuern	Umsatzsteuer	Gebühren	Verbrauchssteuer	Zölle	Sacharin- und Lotteriemonopol	Salzmonopol	Tabakregie	Summe	Tabakregie (Brutto)	Einnahmen nicht aus Steuern	Eisenbahntransportabgabe
1924/25												
M.-D. nach Sanierungsbudget 1. Halbj.	7,47	6,67	2,50	2,58	1,83	0,03	0,80	2,08	23,97	—	—	0,58
2. Halbj.	8,30	6,67	2,56	2,58	2,08	0,03	0,67	2,17	25,06	—	—	0,58
M.-D. nach Goldbudget 1. u. 2. Halbj. je	7,89	6,67	2,51	2,58	2,51	0,03	0,78	2,66	25,63	5,18	2,64	0,58
M.-D. nach Monatsvoranschlägen 1. Halbj.	5,94	8,29	3,12	3,06	4,20	0,06	0,81	3,01	28,49	5,50	2,45	0,58
2. Halbj.	8,50	9,43	3,69	4,44	5,84	0,02	0,70	2,76	35,36	6,07	2,85	0,58
Ganzes Jahr	7,22	8,86	3,40	3,75	5,02	0,04	0,75	2,88	31,92	5,78	2,65	0,58
1925/26												
M.-D. nach Sanierungsbudget 1. Halbj.	10,98	5,50	3,33	3,62	2,67	0,05	0,88	2,42	29,25	—	—	0,67
2. Halbj.	12,33	5,33	3,67	3,50	2,67	0,05	0,70	2,58	30,83	—	—	0,67
M.-D. nach Papierbudget 1. u. 2. Halbj. je	10,64	8,63	4,38	4,60	7,15	0,05	0,93	4,23	40,62	8,15	5,30	0,79
M.-D. nach Monatsvoranschlägen 1. Halbj.	10,75	9,56	4,43	5,08	7,59	0,02	1,14	4,04	42,60	8,29	2,81	0,78
2. Halbj.	9,60	9,82	5,32	4,97	7,81	0,04	0,75	4,99	43,30	8,56	4,22	0,89
Ganzes Jahr	10,17	9,69	4,88	5,02	7,70	0,03	0,94	4,51	42,95	8,43	3,52	0,83

Netto-Ausgaben in Millionen Goldkronen	Schuldendienst	Friedensvertr.-Verpflichtg.	Investitionen	Andere Ausgaben (nicht Personalausg.	Gehälter	Ruhegehälter	Beiträge an Selbstverwaltg.	Abbauentschädigungen	Summe	Für die staatlichen Betriebe
1924/25										
M.-D. nach Sanierungsbudget 1. Halbj.	3,13	0,58	1,00	7,02	11,67	4,22	1,68	—	29,30	2,33
2. Halbj.	3,45	0,58	1,00	7,02	13,76	5,07	1,68	—	32,56	2,67
M.-D. nach Goldbudget 1. u. 2. Halbj. je	3,97	0,58	1,00	5,75	14,00	4,99	2,59	—	31,88	1,67
M.-D. nach Monatsvoranschlägen 1. Halbj.	4,52	0,65	1,05	6,14	14,45	5,01	2,21	—	34,02	0,83
2. Halbj.	4,45	0,66	0,95	5,82	14,27	5,47	2,29	0,48	34,39	2,50
Ganzes Jahr	4,48	0,65	1,00	5,98	14,36	5,24	2,25	0,24	34,21	1,67
1925/26										
M.-D. nach Sanierungsbudget 1. Halbj.	4,85	0,58	1,00	6,17	13,59	5,08	1,68	—	32,95	2,00
2. Halbj.	4,42	0,58	1,00	6,22	13,47	5,24	1,70	—	32,63	2,17
M.-D. nach Papierbudget 1. u. 2. Halbj. je	4,70	0,67	1,00	7,20	15,98	5,40	2,63	—	37,57	0,83
M.-D. nach Monatsvoranschlägen 1. Halbj.	5,36	0,63	1,40	9,24	16,97	5,92	2,86	0,60	42,99	—
2. Halbj.	5,46	0,62	0,77	9,35	17,12	6,36	3,09	0,28	43,04	1,67
Ganzes Jahr	5,41	0,62	1,08	9,29	17,04	6,14	2,98	0,44	43,02	0,83

Tabelle 8

Staatsanleihe des Königreichs Ungarn 1924 (Wiederaufbauanleihe).

Ausgabeland	Tag der Ausgabe	Nominalbetrag in der Einheit des Ausgabelandes	Nominalbetrag in Goldkronen	Nominalzinssatz %	Ausgabekurs in %	Übernahmekurs für die Banken in %	Steuern %	Stempel %	Reinergebnis %	Reinergebnis in Goldkronen	Stand am 31. Dez 1924 (zum Tageskurs in Goldkronen umgerechnet)	Stand am 31. Dez. 1925	Stand am 30. Juni 1926
Großbritannien	2. VII. 1924	7 902 700	168 722 645	7,5	88	84	—	2	82	138 352 569	78 388 993,10	80 345 195,25	70 928 643,10
Vereinigte Staaten v. Amerika	3. VII. 1924	7 500 000	37 012 488	7,5	87,5	80	—	—	80	29 610 000	11 133 448,74	11 133 447,74	11 133 447,74
Italien	10. VII. 1924	170 000 000	36 228 046	8,05	92	88	—	1,2	86,8	31 445 944	14 725 345,37	12 475 061,90	9 677 928,15
Schweiz	29. VII. 1924	30 000 000	26 196 364	7,5	89	85	1	1	83	21 742 983	7 701 777,03	7 665 467,03	7 675 107,11
Schweden	4. VII. 1924	4 585 000	5 994 482	7,5	88	84	0,5	1	82,5	4 945 448	1 001 858,30	1 011 231,71	1 011 995,48
Holland	4. VII. 1924	5 000 000	9 257 466	7,5	88	84	—	1	83	7 683 697	2 965 271,84	2 944 955,69	2 949 024,15
Tschechoslowakei		83 620 000	12 144 840	7,5			—	2	82,75	10 049 855	—	—	—
Ungarn (in $)	1. VIII. 1924	2 350 000	11 597 250	7,5	88	86	—	—	86	9 973 635	—	—	—
Summe			307 153 581						82,6	253 804 131 [1]	115 916 694,38	115 575 359,32	103 376 145,73
Außerdem in Beträgen verschiedener Währung											40 560 004,69	36 796 003,96	16 083 699,41
Summe											156 476 699,07	152 371 363,28	119 459 845,14 [2]

[1]) Nach späterer Angabe Reinerlös 253,803.555,13 GK; dazu aus Kursgewinnen 13,080.656,50 GK. Von diesen 266,884.211,63 GK gehen noch ab an weiteren Emissionskosten 524.583,95 GK und für die Spezialreserve, die dauernd zur Sicherung des Anleihedienstes gesperrt bleibt, 15,618.753,57 GK.

[2]) Dazu 11 729 546,90 GK, die nach dem Silberankauf für Münzzwecke wieder zurückfließen.

Tabelle 16.

Außenhandel nach Warengruppen.[1])

Warengruppe	Einfuhr						Ausfuhr					
	1924		1925		1926		1924		1925		1926	
	Mill. GK.	%	Mill. GK.	%	Mill. GK.	%	Mill. GK.	%	Mill. GK.	%	Mill. GK.	%
Nahrungs- und Genußmittel:												
1. Rohstoffe	45,2	6,4	56,4	7,6	65,9	8,0	164,8	28,7	218,9	31,3	316,3	42,2
2. Halbfabrikate	0,9	0,1	0,7	0,1	0,4	.	2,2	0,4	2,7	0,4	2,6	0,3
3. Ganzfabrikate	11,2	1,6	10,7	1,5	8,9	1,1	161,0	28,0	146,2	20,9	109,2	14,6
Darunter Mahlprodukte	8,5	1,2	3,2	0,4	2,7	0,3	101,9	17,7	107,2	15,3	72,2	9,6
Summe	57,3	8,2	67,9	9,2	75,1	9,2	328,0	57,0	367,8	52,5	428,1	57,1
Lebende Tiere	2,5	0,4	0,7	0,1	0,9	0,1	57,8	10,1	88,7	12,7	89,5	11,9
Landwirtschaftl. u. indust. Hilfsstoffe	84,6	12,0	84,8	11,5	99,6	12,1	35,3	6,1	67,2	9,6	64,9	8,7
Industrie:												
1. Rohstoffe	64,1	9,1	78,8	10,7	97,0	11,8	46,8	8,1	53,5	7,6	51,5	6,9
2. Halbfabrikate	156,4	22,3	154,1	20,8	184,2	22,4	24,7	4,3	30,2	4,3	29,4	3,9
3. Ganzfabrikate	337,8	48,1	353,3	47,8	364,1	44,4	82,5	14,4	92,7	13,2	86,4	11,5
Darunter der Textilindustrie	199,0	28,3	185,8	25,1	168,1	20,5	15,4	2,7	18,9	2,7	17,7	2,4
Maschinen- u. elektrotech. Ind.	35,7	5,1	34,2	4,6	40,8	5,0	33,3	5,8	34,3	4,9	28,8	3,9
Summe	558,4	79,5	586,2	79,3	645,2	78,6	154,0	26,8	176,4	25,2	167,3	22,3
Gesamtverkehr	702,8	100,0	739,7	100,0	820,7	100,0	575,0	100,0	700,1	100,0	749,8	100,0
Hiervon												
1. Rohstoffe	196,5	28,0	220,8	29,9	263,3	32,1	304,7	53,0	428,2	61,2	522,2	69,7
2. Halbfabrikate	157,3	22,4	154,9	20,9	184,6	22,5	26,9	4,7	32,9	4,7	32,0	4,3
3. Ganzfabrikate	349,0	49,7	364,0	49,2	372,9	45,4	243,5	42,4	238,9	34,1	195,6	26,1

[1]) Dazu monatliche Angaben für wichtige Waren in der Schlußtabelle.

Gebietsumfang am 31. 12. 1920: 92 916 qkm
Bevölkerungszahl am 31. 12. 1920: 7 980 143

Zeit	Kohlenförderung[1]		Außenhandel (Spezialhandel)[2]									
			Einfuhr						Ausf…			
	Braunkohle	Steinkohle	Gesamt-		Kohle	Holz, roh und bearbeitet	Baumwollgewebe	Maschinen und Apparate[4]	Gesamt-		Zucker, raffin. u. roh	V…
			Mengen[3]	Werte					Mengen[3]	Werte		
	1 000 t	1 000 t	1 000 t	Mill. P.	t	t	t	t	1 000 t	Mill. P.	t	
1913 M.-D.	.	.	.	.	.	.	.	.	.	.	.	
1921 »	432,1	28,5	195,4	50,3	51 108	91 648	994	1 821	71,1	24,6	.	
1922 »	467,9	61,7	283,2	52,1	66 911	141 367	1 016	1 521	87,5	31,9	.	
1923 »	518,7	56,6	313,6	40,9	69 911	172 829	614	1 347	101,1	32,7	3 723	
1924 »	478,5	57,4	376,1	67,9	94 464	201 998	992	1 628	141,3	55,6	8 008	1…
1925 »	460,1	67,1	373,0	71,5	99 393	185 369	869	1 189	182,2	67,7	7 059	…
1926 »	485,2	68,9	461,4	79,3	102 076	219 029	794	1 176	216,5	72,5	5 518	3…
1924												
Januar	594,0	57,9	265,9	43,6	74 960	131 718	595	1 633	105,0	37,4	12 370	
Februar	598,2	50,4	323,2	51,1	102 664	169 952	489	1 712	102,3	35,7	5 160	} 1…
März	517,1	58,0	323,1	59,5	76 277	183 108	584	1 494	138,0	51,6	8 815	
April	453,9	60,4	386,6	68,4	99 423	178 546	604	1 637	147,1	59,5	5 894	1…
Mai	273,3	15,0	321,6	66,5	71 242	164 453	1 111	2 064	120,9	52,7	3 447	
Juni	300,0	28,9	370,9	56,3	88 239	201 500	660	1 740	99,4	41,0	2 556	2…
Juli	494,1	64,8	479,3	69,4	106 369	262 178	1 096	1 829	132,9	46,6	2 377	2…
August	447,5	67,3	357,4	62,9	53 598	230 815	1 319	1 518	120,5	40,0	827	2…
September	474,6	73,3	385,3	72,2	74 445	227 088	1 101	1 539	156,6	66,5	769	2…
Oktober	547,6	79,4	410,8	88,7	108 746	228 639	1 722	1 697	232,3	91,5	15 958	2…
November	514,6	68,1	371,0	81,3	118 843	180 233	1 569	1 109	184,6	67,9	21 213	1…
Dezember	526,6	65,2	518,0	94,3	158 763	265 745	1 060	1 576	165,0	75,8	15 185	
1925												
Januar	619,8	72,0	315,1	73,6	86 171	169 203	1 243	975	112,8	40,9	5 517	
Februar	368,3	66,1	269,8	68,2	66 427	147 051	1 061	1 093	106,9	46,3	5 272	
März	402,4	75,1	253,4	66,9	64 569	119 143	933	982	139,5	60,5	8 930	
April	417,5	69,7	238,3	61,0	64 517	96 903	711	768	138,4	54,0	2 919	
Mai	378,2	69,3	314,3	60,8	57 935	172 183	884	1 071	158,2	60,9	4 859	
Juni	367,7	61,8	354,1	55,0	81 969	187 434	585	1 081	136,6	53,5	3 487	
Juli	384,3	66,9	378,2	62,1	99 353	188 679	602	1 463	161,3	58,9	4 089	
August	379,6	60,8	374,3	73,6	85 112	194 756	885	1 813	232,9	82,4	1 843	4…
September	487,1	67,3	458,2	90,0	141 350	208 020	1 089	1 622	268,1	92,9	7 060	4…
Oktober	572,8	70,8	487,4	88,2	141 515	233 997	927	1 311	253,0	89,6	16 572	3…
November	554,4	66,0	530,3	82,7	146 448	263 807	727	1 176	278,0	92,2	10 678	4…
Dezember	583,7	59,3	482,9	75,9	148 567	223 780	670	1 006	197,9	80,0	13 451	2…
1926												
Januar	525,9	64,1	367,8	60,4	130 840	150 057	640	813	175,3	62,0	10 942	1…
Februar	414,3	63,2	418,3	71,3	87 204	218 213	859	1 088	149,4	58,3	5 421	1…
März	447,0	70,0	378,4	80,4	83 786	159 346	834	1 218	152,8	57,0	4 086	1…
April	358,0	63,9	335,4	70,4	67 379	140 085	825	912	137,4	50,5	710	2…
Mai	349,3	60,2	387,9	66,3	69 757	154 535	649	868	146,8	57,4	2 347	2…
Juni	380,6	63,3	420,6	68,2	82 833	195 163	569	1 092	151,5	61,6	1 754	2…
Juli	421,8	66,9	430,7	73,9	97 595	184 833	741	1 449	155,5	55,1	2 219	1…
August	446,6	66,8	472,8	77,8	110 539	217 962	853	1 169	253,7	81,7	1 488	7…
September	549,6	71,5	555,1	88,0	106 761	279 989	939	1 556	290,7	91,3	4 486	6…
Oktober	636,8	77,8	599,0	94,6	120 197	323 147	932	1 171	383,9	112,3	13 126	6…
November	661,4	81,9	552,5	95,6	106 615	300 998	876	1 265	366,3	93,9	11 485	4…
Dezember	630,9	77,3	614,6	105,0	149 264	303 097	883	1 700	234,4	88,5	8 150	3…
1927												
Januar	552,1	73,9	434,9	74,3	124 487	183 951	771	1 123	155,7	58,1	5 376	21…
Februar	486,4	64,6	396,1	79,1	106 579	162 881	865	1 042	138,4	54,7	3 452	13…
März	494,2	68,0	450,4	97,9	95 793	202 800	1 098	1 584	165,4	63,4	4 271	12…
April	427,6	57,9	443,8	92,3	71 736	202 239	948	1 376	125,4	53,7	3 234	10…
Mai	440,4	62,7	533,6	93,2	87 543	264 753	835	1 738	154,6	60,7	2 955	22…
Juni	442,8	55,8	543,3	84,5	112 666	261 668	622	1 667	136,7	51,4	2 638	14…

†) Zum Teil standen dem Verfasser unmittelbar Angaben der betreffenden Stellen zur Verfügung (Eilüberweisungsverke… gemachten Angaben errechnet. — *) Monatsende. — **) Statt Monatsdurchschnitt Jahresendzahlen. — [1]) Bis einschließ… gebildet. — [3]) Ohne die in Stückzahl angegebenen Waren. — [4]) Ohne elektrische Maschinen und Apparate. — [5]) Kg… Beleuchtung. Zugrunde gelegt ist der wöchentliche Bedarf einer fünfgliedrigen Arbeiterfamilie. — [7]) 1924 in Papier auf… Gold 145. — [9]) Ohne christliche Gewerkschaften, die 1924 im Mai 745, im November 2 460 Arbeitslose zählten. — [10]) Nur… [11]) Versand und Zustellung, einschließlich Verkehr mit dem Auslande. Paketverkehr ohne Wertpakete. Die Monatsdurc… Budapester Mitgliedern der Vereinigung der Sparkassen und Banken (Tébe). Die Angaben für 1924 und 1925 sind aus… auf Schweizer-Franken-Basis; nur die den Aktienstand von 1913 berührenden Kapitalveränderungen sind berücksichtigt… tatsächliche Umsatz wird auf das Fünf- bis Sechsfache geschätzt. Die Angaben für 1913 sind aus Goldkronenangaben, die seit…

Zahlen zum Wirtschaftsverlauf in Ungarn †)

		Preise						Arbeitsmarkt
		Großhandel*)			Kleinhandel*)			
		Großhandelsindex in Gold 5)			Lebenshaltungskostenindex in Gold		Ernährungskostenindex in Gold 8)	Arbeitslose der sozialdemokrat. u. christl. Gewerkschaft. *)
-,)	Vieh (Schlacht-, Zug-) 1 000 St.	Gesamtindex	Landw. Erzeugn. u. Nahrungsmittel	Industriestoffe u. -erzeugnisse	ohne Wohnung 6)	mit Wohnung 7)		
	.	100	100	100	100	100	100	.
	5,7	.	.	.	57	.	.	.
	19,0	.	.	.	55	.	.	.
	9,2	.	.	.	68	.	.	.
	14,0	138	128	146	121	7) 14 413	8) 19 336	.
	26,2	140	132	146	131	108	127	32 508
	26,5	124	114	131	117	102	113	25 995
	2,8	123	.	.	91	7) 5 974	8) 8 996	9) 17 643
	3,9	131	.	.	89	10 082	14 130	9) 23 760
2	11,4	130	.	.	107	13 326	17 520	9) 22 436
	19,2	125	.	.	103	13 395	17 612	9) 22 327
7	20,7	119	.	.	102	15 271	21 470	23 412
3	12,7	133	.	.	126	15 953	20 860	25 574
7	10,3	145	.	.	133	16 356	21 950	30 004
2	6,1	145	136	152	137	16 273	21 620	32 059
5	16,9	142	136	147	136	16 358	21 867	29 377
	32,6	149	148	150	139	16 394	21 680	32 299
5	16,3	154	150	157	142	16 810	22 160	33 028
9	15,4	160	156	163	144	16 758	21 800	34 844
7	8,7	159	159	159	144	116	144	38 457
7	13,2	152	149	155	139	114	135	38 206
0	20,8	145	139	150	135	110	132	38 191
7	30,4	144	141	146	134	110	130	37 682
3	31,1	141	140	142	138	114	135	35 246
3	25,6	141	137	145	136	112	133	35 210
0	24,2	136	125	146	135	112	132	33 036
2	27,6	134	121	144	128	106	124	28 217
3	29,7	135	124	144	126	105	123	26 611
7	35,5	131	118	142	118	99	114	23 771
0	34,2	129	115	139	115	99	110	27 488
20	31,9	130	120	138	119	102	115	27 984
97	26,8	127	114	136	117	100	111	30 056
13	22,3	125	113	135	118	101	114	30 829
79	18,3	123	110	133	119	102	115	30 918
53	25,1	123	112	131	117	101	113	30 235
12	28,0	122	112	129	115	101	111	29 008
06	29,4	122	113	129	116	102	113	27 048
37	28,2	123	114	130	118	103	115	25 539
19	29,3	122	112	130	115	101	111	24 310
55	30,2	122	112	130	116	101	112	21 332
61	35,6	125	118	130	118	104	114	20 178
13	23,0	127	121	131	121	106	116	20 150
66	22,0	126	120	130	119	105	115	22 332
34	18,0	127	123	129	121	106	117	21 852
30	18,4	129	127	130	123	108	121	21 035
76	19,2	128	125	130	124	108	123	19 654
981	23,7	130	127	133	127	111	128	18 539
69	26,0	133	130	136	127	113	129	14 853
309	17,3	133	128	137	128	113	130	13 110

…kehr, Postscheckverkehr, Effektenumsatz), sonst wurden die Angaben aus den Ungarischen Statistischen
…toförderung, dann Bruttoförderung; die Bruttoförderung betrug in 1 000 t im Monatsdurchschnitt
…es Statistisches Zentralamt; letzter Tag des Monats; einfaches arithmetisches Mittel; 52 Rohstoffe
…913/14 = 1 nach Dálnoki-Kovács. Für Dezember 1924 beträgt der amtliche Index in Papier 17 103,
…sche Staatsbahnen (M. Á. V.), da für das gesamte Verkehrsnetz die Zahlen erst spät vorliegen.
…nd aus besonders gelieferten Jahreszahlen gebildet, aus den Monatszahlen ergeben sich im Jahre
…kronenangaben auf Pengö umgerechnet, 12 500 PK = 1 P. — 14) Einzahlungen und Auszahlungen.
…verkehr beim Budapester Giro- und Kassenverein. Ablieferung und Übernahme; dabei kommen
…pierkronenangaben auf Gold umgerechnet; 1 GK = 1,1585365 P, 12 500 PK = 1 P. — 18) Seit März

Verkehr				Geld- un…			
Eisenbahnen [10]		Post [11]		Kapitalbildung		Eilüberweisu… verkehr [13]…	
Beförderte Gütermenge	Gütertonnenkilometer	Gewöhnliche Briefe	Paketverkehr	Spareinlagen *) [12]	Kontokorrenteinlagen *) [12]	Gesamt	Tä… D… sc…
1 000 t	1 000	1000 St.	1000 St.	Mill. P.	Mill. P.	1000 P.	10…
.	.	.	.	**) 1 002,2	**) 856,1	.	
.	.	29 864	435	.	.	.	
.	.	30 704	651	.	.	.	
.	.	29 955	856	.	.	.	
1 659	201 408	28 546	1 197	30,6	237,5	15 100	
1 472	184 569	35 325	1 556	**) 143,0	**) 378,3	40 754	1
1 742	211 466	42 202	1 768	231,9	502,3	77 835	3
1 458	182 160	.	.	.	.	9 113	
1 652	202 450	.	.	.	.	8 420	
1 719	205 720	.	.	.	.	10 277	
1 437	174 460	.	.	.	.	9 807	
1 613	204 910	.	.	.	.	11 466	
1 538	193 562	.	.	3,7	85,2	9 762	
1 527	187 342	.	.	5,4	118,7	13 105	
1 506	185 940	.	.	8,2	126,1	16 689	
1 689	203 488	.	.	11,0	156,4	19 175	
2 114	245 845	.	.	14,7	209,0	27 318	1
2 004	235 905	.	.	24,1	221,8	22 225	
1 647	195 112	.	.	30,6	237,5	23 841	
1 415	168 842	.	.	38,0	247,8	29 392	1
1 080	140 288	.	.	43,9	261,3	25 405	1
1 100	133 137	.	.	54,7	259,5	32 954	1
1 110	147 782	.	.	61,5	266,7	36 248	1
1 215	163 396	.	.	71,0	269,8	33 906	1
1 208	151 997	.	.	82,9	303,2	31 839	1
1 277	168 063	45 750	1 473	94,2	305,3	32 537	1
1 442	192 225	42 410	1 475	100,9	332,6	45 744	1
1 865	235 175	50 129	1 728	105,0	332,3	42 410	1
2 335	275 141	50 731	1 818	125,4	366,0	54 990	2
2 011	243 562	51 898	1 700	139,4	362,3	56 241	2
1 600	195 224	60 357	1 811	143,0	378,3	67 428	2
1 313	169 096	49 251	1 423	144,0	383,6	63 104	2
1 266	162 776	50 829	1 484	146,8	380,5	64 217	2
1 401	171 452	63 282	1 781	155,3	380,6	69 280	2
1 332	165 280	59 485	1 518	161,3	395,1	72 310	3
1 493	189 445	58 507	1 652	174,8	399,0	76 480	3
1 494	194 008	55 662	1 532	183,4	414,4	68 136	2
1 609	196 369	49 180	1 607	197,4	434,5	69 427	2
1 897	228 614	51 359	1 655	205,0	451,7	83 013	3
2 240	257 411	60 912	1 816	209,3	448,1	83 704	3
2 621	303 582	61 705	2 092	215,3	480,1	90 415	3
2 451	288 299	55 350	2 019	223,2	515,1	103 919	4
1 789	211 263	63 431	2 294	231,9	502,3	90 017	3
1 418	166 185	51 127	1 703	245,7	506,6	103 065	4
1 448	172 516	52 397	1 701	265,6	521,0	112 488	4
1 737	211 946	65 863	2 071	276,1	532,0	121 919	4
1 593	189 141	64 546	2 008	295,0	571,6	121 577	5
1 915	224 719	60 999	1 948	301,4	576,0	142 365	5
2 004	226 998	57 951	1 778	308,5	589,0	120 531	5

Monatsheften, dem Magyar Statisztikai Szemle, und den Berichten des
1923: Braunkohle 571,5, Steinkohle 70,9; 1924: Braunkohle 529,4, Steinkohle
und Halbwaren, davon 23 landwirtschaftliche und 29 industrielle. — [6]) Kg
in Gold 116. — [8]) 1924 in Papier auf der Basis 1913/14 = 1 nach Dálnoki
Auf sämtlichen ungarischen Bahnen wurden im Monatsdurchschnitt an Güte
1926 für die Briefe 56 579, für den Paketverkehr 1 739. — [12]) Bei der Po
Die Angaben für 1924 bis 1926 sind aus den Papierkronenangaben auf Peng
nur die Salden zum Vorschein, denn die innerhalb eines Geldinstituts durch
1926 neue Zählungsweise; die schon unter den Zwangsausgleichen gezählten Insolve

…lmarkt				Insolvenzen		Zeit
		Effektenumsatz[17]				
…k- …r	Aktien-index *)[16]	Aktien	Betrag	Konkurse	Zwangs-ausgleiche	
…P.		1000 St.	Mill. P.	Anzahl[18]		
,3	**) 100	90	58,9	.	.	1913 M.-D.
,3	.	1 556	.	3	.	1921 »
,1	.	1 595	.	3	9	1922 »
,9	**) 32,6	6 015	26,3	1	3	1923 »
,1	**) 13,3	6 200	59,0	5	16	1924 »
,7	**) 10,2	1 654	18,4	36	172	1925 »
,6	**) 15,6	1 605	24,5	30	179	1926 »
						1924
,3	.	7 630	62,1	2		Januar
,0	.	14 483	127,1	2		Februar
,8	.	13 821	156,8	4		März
,7	.	6 152	66,6	2	27	April
,2	.	7 325	65,9	11		Mai
,3	11,4	4 982	39,9	8		Juni
,9	.	4 600	40,0	6		Juli
,0	.	2 466	22,5	5		August
,5	9,9	2 881	22,3	6		September
,8	10,9	3 697	31,4	2	169	Oktober
,0	.	2 746	28,5	7		November
,1	13,3	3 619	45,2	3		Dezember
						1925
,4	12,0	2 611	28,2	7	127	Januar
,3	11,3	2 089	21,2	17	160	Februar
,1	11,3	1 822	18,8	27	212	März
,5	11,2	1 829	17,6	37	246	April
,8	10,5	1 484	13,7	45	302	Mai
,5	10,2	1 732	18,3	36	193	Juni
,2	11,4	1 786	21,7	35	175	Juli
,4	11,7	1 575	21,5	34	98	August
,3	11,2	1 508	19,4	57	127	September
2,1	11,2	1 108	14,2	55	114	Oktober
7,1	10,3	1 082	12,3	53	141	November
9,1	10,2	1 223	14,6	39	173	Dezember
						1926
9,9	9,9	841	10,5	67	292	Januar
2,0	9,7	1 361	18,5	67	280	Februar
5,9	9,4	1 740	18,4	[18]) 51	[18]) 228	März
,4	10,0	1 091	10,7	29	237	April
9,4	9,2	1 246	10,9	15	233	Mai
0,6	10,1	1 038	11,1	38	211	Juni
3,6	10,3	946	14,0	14	158	Juli
4,4	12,0	1 079	16,5	12	127	August
1,5	12,5	1 817	32,2	15	88	September
3,0	14,0	2 421	34,4	22	118	Oktober
0,7	13,4	3 456	64,1	13	92	November
4,1	15,6	2 230	52,3	12	84	Dezember
						1927
8,2	17,5	2 935	79,5	12	112	Januar
3,5	18,1	2 218	70,9	14	101	Februar
1,4	19,4	2 473	106,2	12	104	März
25,7	23,1	2 298	144,9	9	77	April
7,1	20,6	3 052	207,0	11	92	Mai
1,3	20,6	933	70,7	15	58	Juni

…sters über die finanzielle Lage Ungarns entnommen bzw. aus den dort
… Die Monatsdurchschnitte sind aus den zum Teil berichtigten Jahreszahlen
…nes Statistisches Zentralamt; nur Ernährung, Bekleidung, Heizung und
… Für Dezember 1924 beträgt der amtliche Index in Papier 21 322, in
…t (in 1 000 t): 1922: 2 031, 1923: 2 532, 1924: 2 588, 1925: 2 301. —
… und den 13 größten Budapester Geldinstituten. — [13]) Zwischen den
…net. — [15]) In Milliarden PK. — [16]) Aktienindex der Budapester Börse
…tion erledigten Börsenaufträge werden mit diesen Zahlen nicht erfaßt; der
…n bei folgender Konkurseröffnung unter den Konkursen nicht mehr gezählt.

MIX
Papier | Fördert gute Waldnutzung
FSC® C083411

Kolibri 360 GmbH
Ferdinand-Jühlke-Straße 7
99095 Erfurt, Deutschland
produktsicherheit@kolibri360.de